RÉUSSIR EN ÉTANT DÉNUÉ DE TOUT SCRUPULE !

666 conseils diaboliques pour vous imposer à la face du monde

Du même auteur chez le même éditeur :
Le Journal du Diable

Titre original : *How to win fiends and influence people*

Traduit de l'anglais par Thierry Bonhomme

ISBN : 978-2-84933-131-6

www.editions-tredaniel.com
info@guytredaniel.fr

Imprimé en Chine

Nicholas D. Satan
retranscrit par
Prof. Marcus J. Weeks

RÉUSSIR EN ÉTANT DÉNUÉ DE TOUT SCRUPULE !

666 conseils diaboliques pour vous imposer à la face du monde

Éditions Contre-Dires
19, rue Saint-Séverin
75005 PARIS

Directeur de la création Peter Bridgewater
Éditeur Jason Hook
Directeur de la publication Tom Kitch
Éditeur-en-chef Lorraine Turner
Directeur artistique Wayne Blades
Maquette et Illustration Joerg Hartmannsgruber
Texte Marcus Weeks

Ce livre est dédié à tous les politiciens, dirigeants, hommes d'affaires, avocats, banquiers et promoteurs immobiliers venus solliciter mes conseils. Ils ont bien appris leurs leçons, et leurs succès témoignent de l'efficacité de mes enseignements. Je les remercie pour leurs petits sacrifices, qui n'ont pas été vains.

N. D. S.

TRIDENT

SATANCORP 666

SIX AVANTAGES INESTIMABLES QUE VOUS PROCURERA LA LECTURE DE CE LIVRE

- Des richesses matérielles au-delà de toutes vos espérances et de tous vos besoins
- La réalisation de tous vos désirs
- Une vie de loisirs et de plaisirs avec un minimum de travail
- Le pouvoir de faire faire aux autres tout ce que vous voulez
- Attirer tous les regards et toutes les envies
- Célébrité, fortune, autorité et influence au-delà de vos rêves les plus fous

QUE DEMANDER DE PLUS ?

C'est sous le signe du triple 6 (666) que j'ai bâti tous mes succès et ceux de mes innombrables disciples. Alors, maintenant, pourquoi pas vous ? Vous n'avez rien à perdre.*

*Si ce n'est votre âme éternelle. C'est prévu dans le contrat. Les termes et les conditions habituelles s'appliquent.

SOMMAIRE

6 Six avantages inestimables que vous procurera la lecture de ce livre

10 Introduction : Pourquoi et comment j'ai écrit ce livre

12 Comment utiliser ce livre

13 Les six règles d'or des puissants de ce monde

14 Ordre de mission

15 Chapitre I
La Cupidité

16 i: La Cupidité, c'est bien, la gloutonnerie, c'est mieux

20 ii: Pourquoi se contenter de peu quand on peut avoir beaucoup ?

24 iii: C'est vraiment trop injuste !

26 iv: Quand vous aurez goûté à la première classe, vous ne supporterez plus la classe affaires

30 v: Toujours plus

34 vi: La cerise sur le gâteau

38 Résumé du Chapitre I

39 Chapitre II
La Luxure

40 i: Magnifique, la Luxure !

44 ii: Luxure : les racines du bien

48 iii: Demandez-leur de tendre l'autre joue

52 iv: La réussite est toujours une affaire d'hommes, même pour les femmes

54 v: Séduction et dissimulation sont les mamelles de la réussite

58 vi: Désir de pouvoir et pouvoirs du désir

62 Résumé du Chapitre II

666

SATANCORP 666 SATANCORP 666 SATANCORP 666

TRIDENT

63 Section III
La Paresse
64 i: Eloge de la Paresse
68 ii: On a toujours besoin d'un plus petit que soi
70 iii: Exploiter sans vergogne
74 iv: Ni responsable ni coupable
78 v: Si on vous tend une chaise, exigez un fauteuil
82 vi: Fuir le risque comme la peste
84 Résumé du Chapitre III

85 Chapitre IV
La Colère
86 i: Sans peur et sans pitié
90 ii: Celui qui ne dégaine pas le premier est un homme mort
94 iii: La vengeance est un plat qui se mange froid
97 iv: Vendanger les raisins de la colère
100 v: Qu'ils récoltent la tempête !
104 vi: Garder en permanence un doigt sur la gâchette
108 Résumé du Chapitre IV

109 Section V
L'Envie
110 i: Le bonheur est dans le pré... du voisin
114 ii: Savoir prélever sa dîme
118 iii: Taper dans le mille
120 iv: Le gène égoïste
124 v: On ne donne pas de beurre aux cochons
128 vi: Euh... finalement je prendrai l'usine
132 Résumé du Chapitre V

133 Chapitre VI
L'Orgueil
124 i: L'Orgueil des grands prédateurs, ou comment avoir toujours la part du lion et la garder
138 ii: Orgueil et préjugés valent mieux que pitié et sensiblerie
140 iii: Orgueilleux et fier de l'être
142 iv: Affichez votre tableau de chasse pour mieux leur en imposer
146 v: De l'Orgueil, encore de l'Orgueil, toujours de l'Orgueil
150 vi: Richesse et célébrité : les secrets d'un couple infernal (grâce à qui ?)
154 Résumé du Chapitre VI

156 Index
158 À propos de l'auteur
159 Remerciements

POURQUOI ET COMMENT J'AI ÉCRIT CE LIVRE

Il y a quelques années, j'ai eu l'insigne honneur de mettre en forme le journal de Nicholas D. Satan en vue de sa publication. Collaborant étroitement avec les agents de l'auteur, nous nous sommes très vite rendu compte de l'importance du message que le Prince des ténèbres avait à transmettre dans son immense sagesse. Parmi les nombreux papiers auxquels j'ai eu le privilège d'accéder se trouvait une quantité phénoménale de notes, citations et fragments épars qui donnaient une idée de l'importance de la philosophie diabolique qui, de toute éternité, a eu le succès que l'on sait.

Sa Majesté satanique a d'abord hésité à partager ce qu'il considérait comme des « secrets professionnels », mais après moult encouragements et flagorneries, il se laissa convaincre de faire connaître à un vaste public au moins une partie de ses immenses connaissances dans le domaine du développement personnel.

Je n'avais jusqu'alors rencontré le Grand Maître que lors de la signature de notre contrat original (occasion mémorable gâchée par un malheureux incident qui me valut une blessure au doigt au contact d'une tranche de page particulièrement coupante au moment où je m'apprêtais à apposer ma signature). Pour ce projet, toutefois, Il insista pour collaborer de très près avec moi afin que sa vision soit présentée le plus fidèlement possible. Par un heureux hasard, pendant la période de notre collaboration, on m'avait offert un poste dans une université située près de Ses offices terrestres, ce qui facilita nos rencontres régulières et nous permit de progresser rapidement dans notre travail.

Au cours de nos nombreux entretiens, plusieurs évidences s'imposèrent à nous :

- Sauf quelques exceptions notoires (les œuvres de Machiavel et du marquis de Sade, notamment), les manuels de développement personnel fourmillaient, jusqu'à présent, d'erreurs ;
- Nous avions devant nous une somme formidable de conseils pratiques, fruit de milliers d'années d'expérience et de réussite dans l'art de faire carrière ;

- Il était possible d'organiser tous ces documents de façon à présenter au public un ensemble cohérent et systématique de recommandations et d'idées pour s'imposer dans le monde ;
- Les individus qui ont eu l'intelligence et la lucidité de solliciter les services et conseils de Satan en personne ont tous sans exception atteint leurs objectifs ;
- La plupart des gens ignorent absolument qu'il existe des techniques qui leur permettraient de vivre une vie meilleure ;
- Si un guide pratique rassemblant ce type d'informations était proposé à la vente, on se bousculerait pour l'acheter.

Ces considérations suffirent à convaincre Satan de l'urgence de la publication d'un tel livre qui n'avait aucune raison de rencontrer un succès moindre que Ses autres projets.

Je me suis efforcé de rendre l'excitation de nos découvertes et l'enthousiasme du Diable pour l'ensemble de Son Œuvre en incluant, chaque fois que c'était possible, les manuscrits et les documents originaux. Là où ce n'était guère faisable, je les ai transcrits et édités sous Sa supervision et avec Son approbation. Le Coup de génie – codifier les six principales doctrines et leurs six principes de base dans un programme en six étapes – est l'œuvre du Prince des ténèbres lui-même, et c'est Lui et Lui seul qui est à l'origine de tous les formidables conseils et des brillantes analyses présentées dans ce volume. Toute erreur, imprécision ou oubli sont à mettre sur le compte de l'éditeur, qui implore humblement le pardon pour ses faiblesses.

M. J. Weeks

Diable ! On dirait que ça saigne encore,
il va falloir que je mette un pansement !

M. J. Weeks

Professeur invité d'anthropologie théologique
comparée et d'économie financière.
Université Sud de Bagdad

COMMENT UTILISER CE LIVRE

666

Ce livre est un guide d'apprentissage des principes diaboliques essentiels qui vous garantiront pouvoir, puissance et ascension sociale. En vous imprégnant progressivement de ses conseils pratiques et de ses analyses approfondies, vous serez capable de développer votre puissance de domination au-delà de vos espérances. Étudiez l'un après l'autre les six chapitres, approfondissez les six principes et appliquez intelligemment les six directives, et vous verrez quel incroyable coup d'accélérateur vous allez donner à votre existence. À la fin de ce cours, vous aurez acquis toutes les connaissances et les compétences nécessaires pour écraser tous vos rivaux.

À chaque étape de ce livre, appliquez les directives suivantes :

- **Prenez conscience de vos qualités personnelles**
- **Évaluez vos atouts personnels**
- **Mettez en pratique chaque leçon apprise**
- **Élaborez des stratégies de développement personnel**
- **Identifiez vos faiblesses et exploitez-les**
- **Testez vos compétences**

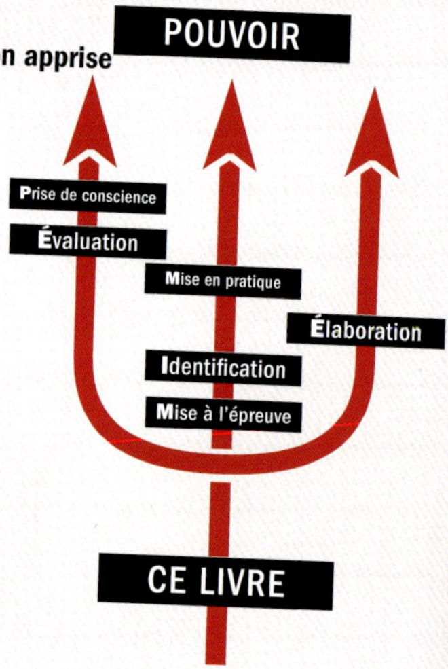

LES SIX RÈGLES D'OR DES PUISSANTS DE CE MONDE

On n'apprend bien que par l'exemple, et quel meilleur exemple que ceux qui ont connu la réussite ? Les puissants qui fraient dans les cercles les plus élevés du pouvoir appliquent tous 6 règles d'or qui correspondent aux Six Principes de base que j'ai moi-même codifiés : Cupidité, Luxure, Paresse, Colère, Envie et Orgueil. Ce programme immuable a eu tellement de succès que les guides de développement personnel du camp d'en face (y compris cet ouvrage risible intitulé « La Bible ») n'ont de cesse de le reprendre pour mieux le pourfendre. Curieusement, la plupart font une distinction inutile entre cupidité et gloutonnerie, en raison de leur obsession pour le chiffre sept. Ces soi-disant gourous du développement personnel devraient prendre un peu de recul avec la numérologie.

Si vous respectez les six Règles d'or, votre succès est assuré. Voici comment procéder :

- **Prenez tout ce qui est à prendre**
- **Apprenez à désirer ardemment ce dont vous avez envie**
- **Résistez à la tentation de faire des efforts**
- **Ouvrez grand la porte à votre démon intérieur**
- **Si quelqu'un a quelque chose dont vous avez envie, arrangez-vous pour le lui prendre**
- **Faites savoir à tout le monde que vous êtes un type formidable**

666

ORDRE DE MISSION

OBJECTIF GÉNÉRAL

Aider ceux qui ont la volonté, le courage et suffisamment d'égoïsme pour suivre mes enseignements à obtenir la prospérité, l'influence et le pouvoir qu'ils méritent.

6 VALEURS ESSENTIELLES

- S'approprier tout ce qu'il est possible de s'approprier
- En vouloir toujours plus
- Se décharger de toute responsabilité
- Faire tomber tous les obstacles
- Faire main basse sur la propriété, l'argent et les idées d'autrui
- Voir toujours les choses en très grand

6 PRIORITÉS STRATÉGIQUES

- Rentabiliser votre insatiabilité
- Canaliser efficacement votre désir
- Éviter tout effort et toute fatigue inutiles
- Faire voler en éclat tout ce qui s'oppose à votre réussite
- Mettre fin à votre état de privation en effectuant des transferts de biens
- Vanter l'efficacité de ces principes

6 INDICATEURS DE PERFORMANCE

- Un compte bancaire bien garni
- Une vie sexuelle satisfaisante
- Beaucoup plus de loisirs que de travail : le taux idéal étant de 100 pour 1
- Un cercle social sain : des ennemis au lieu de rivaux ; des collaborateurs au lieu d'amis
- Beaucoup de subalternes et pas véritablement de supérieurs
- De nombreux comptes-rendus de vos exploits dans les médias

Nicholas D. Satan

Nicholas D. Satan®
PDG de Satancorp® et de toutes ses succursales et activités annexes

CHAPITRE I

LA CUPIDITÉ

Si elle concerne avant tout le commerce, la finance et la politique, la philosophie de base de ce livre, et, de fait, tout ce qu'il contient, est valable pour tous les domaines de la vie : vous pourrez l'appliquer avec profit à votre vie de tous les jours : finances personnelles, relations familiales et amicales, activités sportives et loisirs. Elle vous permettra d'exprimer à fond votre potentiel de domination dans tout ce que vous entreprenez.

Le premier chapitre de notre programme de développement personnel est le plus important car il concerne la valeur essentielle dont découlent tous les Principes, à savoir la Cupidité.

La Cupidité est le ressort fondamental de toute démarche sérieuse de développement personnel. Ne pas reconnaître cette vérité incontournable, c'est aller droit à l'échec. Pendant trop longtemps, cette motivation essentielle à tout accomplissement a été dénigrée, et seuls ont pu s'épanouir quelques rares individus assez courageux et intelligents pour remettre en cause cette idée reçue (le plus souvent en sollicitant mon aide). Mais les temps ont changé. Grâce à ces vaillants pionniers de l'appropriation, l'avarice est devenue respectable, du moins dans les milieux que je fréquente.

Dans ce chapitre, nous allons étudier six grands enseignements découlant d'une application systématique du principe de Cupidité et les six Règles fondamentales qui vous permettront d'en tirer le plus grand profit.

« L'excès est la clé du succès »

Principe 1

La cupidité c'est bien, la gloutonnerie c'est mieux

Dépasser ses préjugés vis-à-vis de la Cupidité et reconnaître en Elle une force vitale irremplaçable, c'est s'autoriser enfin à adopter les mesures stratégiques nécessaires pour en tirer profit. Mon attachement au principe de Cupidité est tel que j'ai chargé Mammon, mon dévoué démon de la Cupidité, de veiller à sa mise en œuvre dans mon organisation.

Le désir effréné – non pas seulement de nourriture, mais de richesses matérielles, de luxe et de domination sociale – est un instinct naturel, et c'est le besoin de le satisfaire qui nous pousse à agir. D'où il découle que plus l'appétit est grand, plus le niveau de réussite est élevé, et qu'en dépassant le simple stade de la satisfaction du désir (par la Cupidité), il est possible de démultiplier ses gains. Connaissez-vous des gens qui gagnent trop ? Non. Moi non plus. L'idée même est parfaitement inconcevable. Mais qui sera suffisamment lucide pour admettre qu'il est également impossible d'en vouloir trop. Si la Cupidité est donc une excellente chose, la gloutonnerie est incontestablement la meilleure des choses possibles : cela coule de source.

Malheureusement, la plupart du temps, les ressources ne sont disponibles qu'en quantités limitées, et pour qu'il y ait des gagnants, il faut aussi qu'il y ait des perdants. Mais soyez sans crainte, les perdants ne sont jamais les plus cupides, mais plutôt les types du genre économe aux besoins et aux ambitions très raisonnables. Ceux-là finissent toujours tout au bas de l'échelle sociale. Pour paraphraser Karl Marx (qui l'avait presque formulé correctement) :

« *De chacun selon sa crédulité, à chacun selon sa cupidité.* »

ÉTUDE DE CAS : IVAN BOESKY ET MICHAEL MILKEN

Pas de doute, c'est le portrait robot du tocard :-(

Boesky, le « grand requin blanc de Wall Street », est le premier à avoir osé affirmer que « la cupidité est une bonne chose » lors d'un discours à l'école de commerce de Berkeley. Cette phrase inspira Gordon Gekko dans le film « Wall Street », même si Boesky est tombé pour délit d'initié six mois après son fameux discours.

Dans une tentative assez lamentable de limiter la casse en plaidant coupable, Boesky a « balancé » son ami Milken, « le roi des obligations pourries », qui s'est aussi retrouvé à l'ombre pour fraude et tentative d'extorsion. Mais contrairement à Boesky (qui a complètement disparu de la circulation, mais j'ai conservé son numéro de téléphone), Milken comptait bien poursuivre ses lucratives activités : après deux ans d'emprisonnement, il reprit ses bonnes habitudes et ses bonnes affaires et il dispose aujourd'hui d'un joli petit pécule de plus de deux milliards de dollars. Bien joué de sa part !

Voilà un cheval sur lequel je miserais les yeux fermés !

MORALITÉ

Laissez toujours libre cours à votre Cupidité, vous n'aurez pas à le regretter, quels que soient les revers que vous connaissez. Concernant la délation, c'est un loisir fort agréable. Mais n'oubliez jamais une chose, il doit vous rapporter.

LE PRINCIPE I EN PRATIQUE

Consommer, c'est avoir besoin de s'approprier de nouvelles richesses en vertu de l'impérieux principe de Cupidité. On voit donc que la consommation conduit à l'action alors que l'économie conduit à l'inaction. La Figure i nous montre un point critique où l'appropriation rattrape la consommation. Des choix faits à ce stade dépendent votre réussite ou votre échec. Vous pouvez poursuivre votre politique d'appropriation tout en stabilisant votre niveau de consommation (Fig. ii), auquel cas l'appropriation ne tardera pas à dépasser la consommation ce qui signifie que vous vous constituez des réserves. Et qui dit réserves dit pouvoir : les mal lotis viendront vous solliciter et vous pourrez monnayer avantageusement vos richesses et donc doper votre courbe d'appropriation.

Mais il existe une politique encore plus avantageuse : augmenter votre consommation (Fig. iii). L'opération est indolore, c'est le moins que l'on puisse dire, et vous ne tarderez pas à y prendre un goût immodéré. Et consommer plus augmentera d'autant vos besoins d'appropriation.. Il est, en revanche, fortement déconseillé de tenter de réduire votre consommation (Fig. iv), car vous courez le risque d'être pris dans le genre de spirale négative qui finit par engloutir tous les tocards (voir aussi page149).

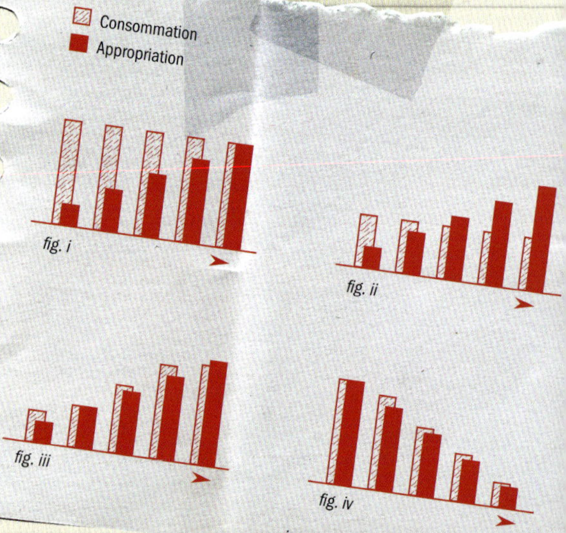

Les manuels de développement personnel classiques nous ressortent tous le vieux schéma Préparation-Appropriation-Consommation (PAC) qui à mon avis vous permettra au mieux de vous débattre toute votre vie pour ne pas vous noyer. À cette formule qui a fait ses preuves (mais dans le mauvais sens), j'opposerai le cercle vertueux suivant : Consommation-Appropriation-Satisfaction-Bonheur qui illustre de manière concrète le bien fondé des concepts énoncés plus haut.

CYCLE CONSOMMATION-APPROPRIATION-SATISFACTION-BONHEUR.

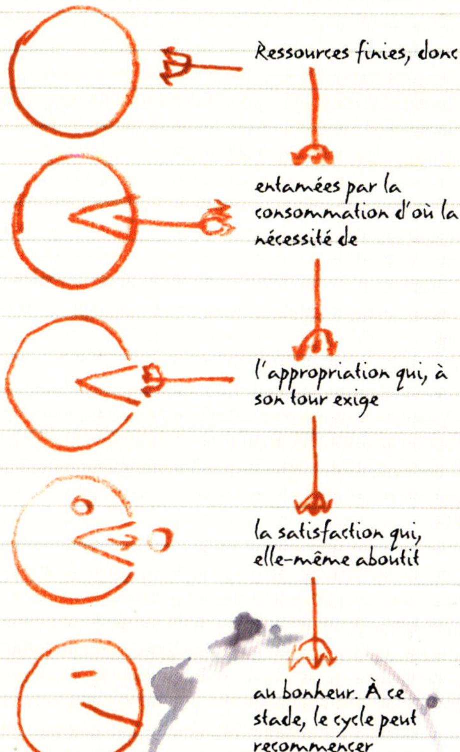

Principe ii

Pourquoi se contenter de peu quand on peut avoir beaucoup ?

Si tellement de personnes n'ont pas la réussite qu'elles méritent, c'est parce qu'elles prennent pour argent comptant toutes les balivernes, toutes les idées reçues qu'on leur rabâche toute la sainte (quelle horreur !) journée et qu'on voudrait bien leur faire prendre pour parole d'évangile (idem !). Or tous ces radotages n'ont qu'un but : vous mettre des bâtons dans les roues. L'un des conseils les plus nocifs, à mon humble avis (mais vous avez raison, l'humilité et moi, ça fait deux) est le suivant : « Méfiez-vous de toute forme de cupidité, car la vie ne se résume pas aux seuls biens matériels ». Mais où Diable (pour vous servir, hé, hé !) vont-ils chercher tout ça ? Pour réussir dans la vie, il faut de l'ambition. Alors n'écoutez plus toutes ces sottises et ne laissez plus jamais personne se mettre en travers de votre chemin. Première chose : vous devez viser haut. Veillez aussi à choisir très soigneusement vos cibles et à avoir suffisamment de munitions.

Y a pas de mal à se faire du bien ! *LOL*

ÉTUDE DE CAS : DICK CHENEY

Il a commencé tout en bas de l'échelle, avec à son palmarès « conduite en état d'ivresse » et une tentative réussie d'échapper à la conscription. Il faut dire qu'il avait de bonnes dispositions. Depuis, il a fait son chemin dans les hautes sphères du pouvoir et des affaires jusqu'à devenir un des personnages les plus puissants du monde. Forçant systématiquement le destin, il a su intégrer la Maison Blanche sous l'administration Ford et n'a cessé, depuis, de soigner son ascension jusqu'à devenir Secrétaire à la Défense de Bush père.

Pendant la présidence du Démocrate Clinton, le Républicain Cheney ne s'est pas laissé abattre : il a délaissé la politique pour les affaires, sans oublier d'amener avec lui son carnet d'adresses du ministère (dans lequel on retrouvait un petit démon nommé Mammon). C'est ainsi qu'il fut nommé PDG de Halliburton en 1995, poste qu'il abandonna en 2000 lors de son retour sur la scène politique comme Vice-président de George W. Bush : il se contenta du poste de n° 2 de la société afin d'éviter tout conflit d'intérêt. Se concentrant sur son poste de n° 2 de la nouvelle Administration (et tout le monde sait bien qui a manœuvré en coulisses pendant toute cette période...), c'est lui qui glissa à l'oreille de W. l'idée géniale de l'invasion de l'Irak qui devait apporter à Halliburton de jolis petits (petits ? hum...) contrats. En voilà un bon élève !

MORALITÉ

Choisissez d'abord les cibles les plus faciles et les plus avantageuses. Suivez l'exemple de Dick Cheney qui a toujours su admirablement viser (enfin, en dehors d'un malheureux accident de chasse sur lequel nous ne reviendrons pas) : alors qu'il était officiellement n° 2 chez Halliburton et à la Maison Blanche, c'est lui qui a toujours tiré toutes les ficelles et qui s'en est mis plein les poches sans jamais être tenu pour responsable de quoi que ce soit. Bravo l'artiste.

LE PRINCIPE II EN PRATIQUE

Si l'on se réfère à un organigramme d'entreprise classique (voir diagramme ci-contre), on voit clairement qu'il existe une stratégie de déroulement de carrière efficace et une autre vouée à l'échec. La partie gauche du diagramme représente la progression selon le principe de la promotion au mérite, qui prévoit des obstacles à franchir à chaque étape.

Notez que chacune de ces étapes comporte un risque de stagnation voire de régression dans la hiérarchie de l'entreprise pour celui qui n'a pas la présence d'esprit de prendre un petit raccourci de temps en temps. La compétence ne suffit pas et peut même vous condamner à une vie entière de médiocrité et de misère. N'oubliez pas que l'enfer, comme la route qui y mène, est pavé de bonnes intentions...

Venons-en à la voie centrale (représentée en rouge) de notre organigramme. Elle permet de renverser tous les obstacles et de monter en grade de manière accélérée sans avoir à supporter toutes ces formations assommantes ou à se morfondre dans des stages inutiles. Tout ce qu'il faut, c'est une ambition sans limites et un culot monstre.

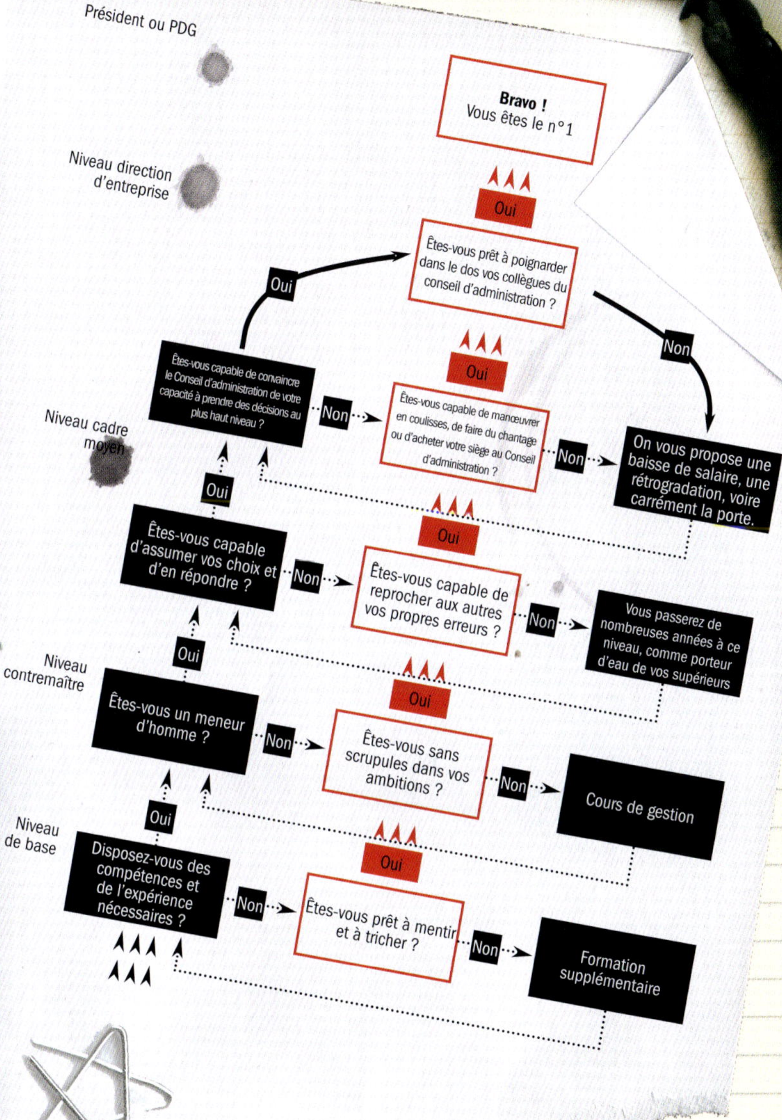
Président ou PDG
Niveau direction d'entreprise
Niveau cadre moyen
Niveau contremaître
Niveau de base
Bravo ! Vous êtes le n° 1
Oui
Êtes-vous prêt à poignarder dans le dos vos collègues du conseil d'administration ?
Non
Oui
Êtes-vous capable de convaincre le Conseil d'administration de votre capacité à prendre des décisions au plus haut niveau ?
Non
Oui
Êtes-vous capable de manœuvrer en coulisses, de faire du chantage ou d'acheter votre siège au Conseil d'administration ?
Non
On vous propose une baisse de salaire, une rétrogradation, voire carrément la porte.
Oui
Êtes-vous capable d'assumer vos choix et d'en répondre ?
Non
Oui
Êtes-vous capable de reprocher aux autres vos propres erreurs ?
Non
Vous passerez de nombreuses années à ce niveau, comme porteur d'eau de vos supérieurs
Oui
Êtes-vous un meneur d'homme ?
Non
Oui
Êtes-vous sans scrupules dans vos ambitions ?
Non
Cours de gestion
Oui
Disposez-vous des compétences et de l'expérience nécessaires ?
Non
Oui
Êtes-vous prêt à mentir et à tricher ?
Non
Formation supplémentaire

Principe iii

C'est vraiment trop injuste !

Soyons sérieux juste une minute : la vie est injuste. Point barre. L'essentiel est de faire en sorte qu'elle soit injuste à votre profit, et non pas à celui des autres. Quelle que soit la situation envisagée, qu'il s'agisse de négocier un contrat commercial, de régler un différend avec un ami ou un collègue ou de se répartir les tâches ménagères, il y en a systématiquement un qui se retrouve perdant. Et pour être sûr qu'il ne s'agira pas de vous, vous devez avoir toujours un coup d'avance, c'est-à-dire réclamer dès le début ce que vous voulez obtenir pour pouvoir négocier en position de force. Votre interlocuteur sera pris au dépourvu et vous suppliera de faire des concessions. Cela ne veut pas dire que vous obtiendrez forcément tout ce que vous voulez, mais ne vient-on pas de dire que la vie était injuste ?

LE MYTHE DU PARTAGE ÉQUITABLE

Exemple de partage dit « équitable ». Chacun a un morceau identique de la cerise.

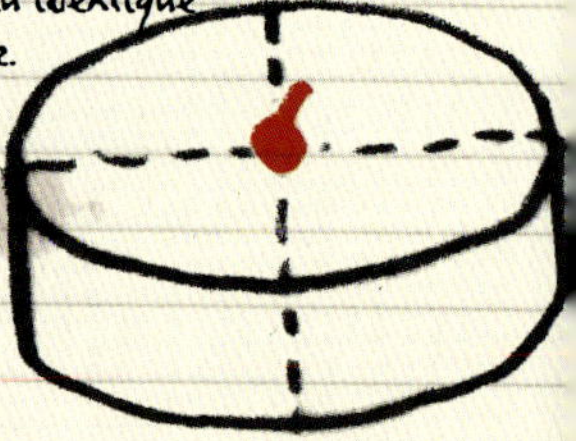

Vous trouverez toujours des gens pour vous prouver que si chacun prend uniquement ce qui lui revient, il y en aura pour tout le monde. Cette théorie est une erreur dangereuse. Car si vous ne faites pas main basse sur tout ce qui se trouve à votre portée, quelqu'un d'autre raflera la mise à votre place. Certains esprits profondément masochistes vous laisseront même tout prendre sans broncher, se contentant de leur sort pourtant peu enviable. N'ayez aucun scrupule avec eux : vous leur rendez service. Il faut bien que les surplus aillent dans la poche de quelqu'un. Vous êtes habitué à vous contenter des restes ? Alors vous aimez le risque ! Comme dit le proverbe, il faut boire le vin quand il est tiré. Et un grand crû de préférence à une triste piquette

LE PRINCIPE III EN PRATIQUE

Voici une petite parabole qui illustre à merveille le point que nous venons de voir. Récemment, lors d'une réunion, on m'a offert des petits gâteaux avec mon café. Il y en avait deux dans l'assiette : le premier petit, bien sec et pas très appétissant, et le deuxième beaucoup plus gros avec des pépites de chocolat. En tant qu'invité, c'était à moi de choisir et, devinez quoi, j'ai pris le plus gros, ce qui n'a pas eu l'air de beaucoup réjouir mon hôte. Je lui ai alors demandé quel biscuit il aurait pris s'il avait eu le choix. Il m'a assuré que, par politesse, il aurait pris le petit. « Eh bien, lui ai-je rétorqué, pourquoi faites-vous cette tête-là ? Vous l'avez ! »

Pendant une négociation, veillez à ce que toute forme d'iniquité joue en votre faveur, et si vous vous dirigez vers un accord équitable, vous devez impérativement revoir les termes du contrat. Il y a toujours moyen de récupérer la plus grosse part du gâteau. Vous pouvez par exemple le trancher de manière à récupérer le glaçage (c'est généralement la meilleure partie).

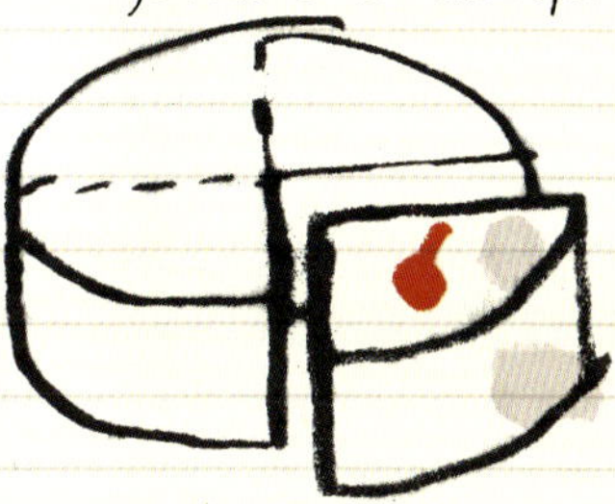

La répartition des ressources n'est pas toujours symétrique et équilibrée. C'est une caractéristique à optimiser à votre profit.

Faites preuve de créativité lorsque vous négociez les règles d'un partage.

Principe iv

Quand vous aurez goûté à la première classe, vous ne supporterez plus la classe affaires

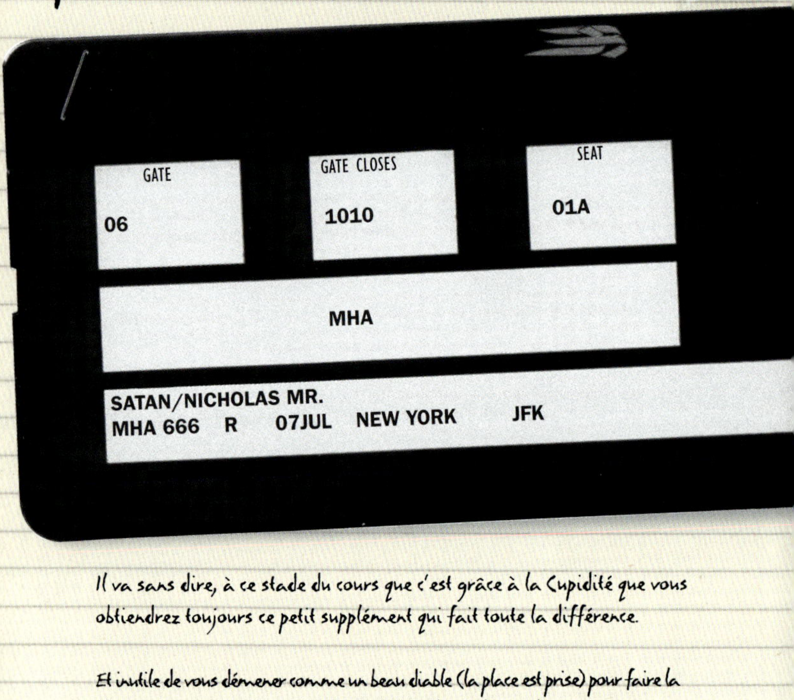

Il va sans dire, à ce stade du cours que c'est grâce à la Cupidité que vous obtiendrez toujours ce petit supplément qui fait toute la différence.

Et inutile de vous démener comme un beau diable (la place est prise) pour faire la chasse aux produits gratuits, ou de négocier pied à pied pour obtenir un petit extra. Vous méritez beaucoup mieux. Si vous savez pousser le bouchon suffisamment, vous obtiendrez automatiquement tout un tas de petits suppléments. Sur un plateau, et avec un verre de Champagne. Elle est pas belle la vie ?

Plus vous montez haut, plus les « petits » avantages seront gros. Vous n'imaginez pas jusqu'à quel point ils peuvent s'accumuler pour celui qui mène vraiment une vie de pacha.

Le plus appréciable, quand on vit en première classe, c'est que les autres vous respectent. C'est simple, vous avez partout la priorité, que vous réserviez une chambre d'hôtel, un billet d'avion, de spectacle, de match, etc. Et surtout, la question du règlement ne se pose jamais. Si vous êtes un client chouchouté, toutes vos dépenses seront mises discrètement sur votre compte, et les questions d'argent remises à plus tard. Parfois à beaucoup plus tard.

Prenons un exemple tout bête. Vous êtes en voyage d'affaires et vous cherchez une chambre d'hôtel. Première possibilité : un petit hôtel pas cher dans un quartier pourri. Mauvaise pioche : vous devrez payer séance tenante en liquide et vous ne fermerez pas l'œil de la nuit dès lors que vous réaliserez la somme que vous avez payée pour cette piaule miteuse et remplie de cafards avec toilettes à l'étage. Deuxième possibilité : le motel à prix moyen. Largement préférable au trou à rat précédent, propre et confortable, mais quand même, pas de cigare offert. Et puis le prix de la chambre est débité sur votre carte bancaire, sans compter les petits suppléments : minibar, service en chambre et téléphone. Troisième possibilité : l'hôtel 5 étoiles. Enfin, on respire : une suite complète dans un établissement de luxe, avec boissons et petites choses gratuites à grignoter, accès illimité à la salle de sport, au sauna, au salon de massage, et un personnel servile prêt à répondre à vos moindres désirs. Quant à la note, elle est envoyée directement à l'entreprise. Rien à redire.

LE PRINCIPE IV EN PRATIQUE

Comme le dit le proverbe anglais : Quand on paie en cacahuètes, on n'attire que des singes. C'est ce qu'invoquent certains beaux messieurs de la finance pour justifier leurs salaires mirobolants. Je trouve pourtant qu'il y a du vrai dans cette formule. Il suffit de la retourner : si vous acceptez d'être payé en cacahuètes, on vous traitera comme un singe. Sauf, bien sûr, si les cacahuètes en question sont servies comme amuse-gueule avec votre cocktail en première classe. C'est autre chose.

Analyse comparative de trois stratégies de financement d'entreprises fort différentes…

Mr. A, est travailleur indépendant. Son activité marche mal et il a des besoins de trésorerie urgents. Il contacte son banquier pour obtenir un prêt qui lui est aussitôt refusé. Désespéré, il se tourne vers un usurier sans scrupules qui lui impose un taux d'intérêt léonin qui, en quelques mois, le fait replonger encore plus bas. Sans compter qu'il se trouve maintenant à la merci de la pègre locale qui lui réclame des sommes de plus en plus importantes.

VERDICT : ECHEC

Mr. B, est à la tête d'une petite mais prospère entreprise industrielle. Il souhaite se développer de manière raisonnable et cherche un financement auprès de sa banque. Il insiste lourdement sur sa gestion raisonnable et essaie de démontrer avec quelle rigueur il maîtrise ses coûts. Il parvient à décrocher un prêt, mais pas très important, et gagé sur l'actif de son entreprise. En outre, il s'expose à la faillite au cas où il ne pourrait plus le rembourser.

VERDICT : SUCCÈS PARTIEL

Mr. C, de son côté, voit plus grand. Même si son entreprise ne produit encore rien, il n'hésite pas à se présenter devant son banquier avec un projet de financement extrêmement coûteux et, pour toute garantie, les garanties apportées par d'autres prêteurs. Il rencontre ses banquiers dans un hôtel prestigieux, arrive en limousine avec chauffeur, porte un costume hors de prix et quelques bijoux tout à fait extravagants. Non seulement il obtient un prêt non gagé d'un montant supérieur à tout ce qu'il aurait pu imaginer, mais on le traite comme un prince ; on l'invite dans les meilleurs restaurants pour parler de son projet, on le présente à d'autres décideurs financiers, et on le convie aux réunions du club local.

VERDICT : SUCCÈS FOUDROYANT

Principe v

Toujours plus !

Lorsqu'ils auront compris que vous êtes doué pour l'appropriation, les gens se mettront en quatre pour vous en donner toujours plus.

Vous ne savez plus quoi faire de votre argent mais vous croulez aussi sous les offres de prêt.

Votre entreprise est une grande dévoreuse de financements. Ils se battront pour y investir leurs économies.

Et il ne s'agit pas que d'argent. Quel que soit le domaine, la réussite insolente appelle la réussite insolente. Vous avez une vie mondaine bien remplie, et vous êtes à tu et à toi avec tous les « people » de la capitale ? Il faut absolument que vous veniez dîner à la maison un de ces soirs.

Vous avez percé dans le dernier « reality show » ? Nous allons publier votre biographie et vous proposer votre propre talk-show.

Et intéressons-nous d'un peu plus près aux grandes entreprises dont les actions s'arrachent sur les places financières internationales. Dans neuf cas sur dix, le prix de l'action n'a strictement aucun rapport avec la santé économique de la société. Les investisseurs achètent les titres des entreprises dont ils estiment qu'elles marchent bien. Leur critère de jugement ? Très simple : ils pensent comme le voisin. Au bout du compte, la « boîte » en question finit par jouir d'une sacrée réputation, ce qui attire de nouveaux investisseurs. Elle n'a pas besoin de créer quoi que ce soit. Euh, si, quand même : des revenus considérables pour ses propriétaires...

ÉTUDE DE CAS : LA BULLE INTERNET DES ANNÉES 1996-2000

Avec l'arrivée de l'Internet dans les années 90, les « start up » se sont mises à pousser comme des champignons. Ces sociétés au succès foudroyant ont attiré des investissements d'une ampleur inégalée depuis l'époque glorieuse de Wall Steet dans les années 20. Pour les analystes, ces sociétés « .com » constituaient un « nouveau modèle » d'investissement (comprenez « une stratégie de levée de fonds consistant à présenter, à grands coups de pub, comme la fine fleur de l'économie des entreprises à risque et mal en point »). Les investisseurs ont tellement marché dans la combine que les marchés ont atteint des niveaux record alors que les entreprises concernées n'avaient encore rien prouvé et n'avaient souvent pas enregistré leur premier dollar de bénéfice. Les arguments les plus saugrenus étaient avancés de toutes parts (comme lors de l'affaire de l'Union Pacific Railroad en 1872) et malgré le risque, les prix des actions ne cessaient de monter à des niveaux invraisemblables, créant une nouvelle caste de millionnaires. Tout allait pour le mieux dans le meilleur des mondes possibles. Et comment attirer les investisseurs comme des abeilles sur un pot de miel ? Facile, il suffit de faire un maximum de battage autour de la première entreprise venu. À votre avis, de qui était cette idée géniale ? Et la chute de Wall Street, et Lehmann Brothers ?

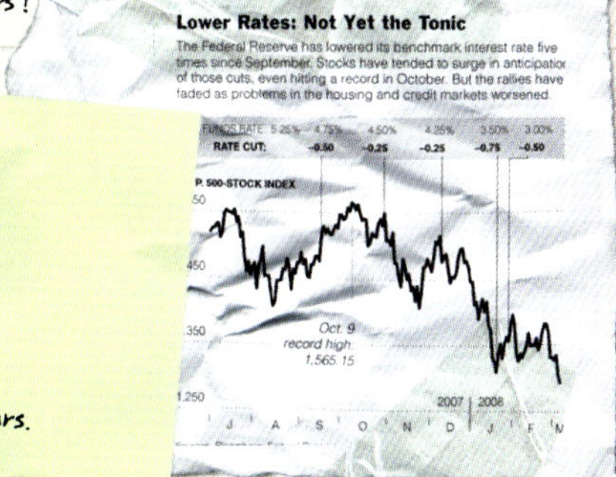

MORALITÉ

Il y a tout à gagner et rien à perdre à sous-estimer l'intelligence des investisseurs.

LE PRINCIPE V EN PRATIQUE

La Fig. i indique la corrélation qui existe entre la réputation d'une entreprise et les investissements qu'elle attire, et ce, quelle que soit sa valeur réelle. L'augmentation de la valeur perçue - et donc celle du prix des actions - est exponentielle.

La Fig. ii montre que l'augmentation rapide de la confiance, associée à celle (régulière) du prix de l'action, entraîne une augmentation tout aussi nette de la richesse potentielle du propriétaire de l'entreprise, quel que soit son niveau de productivité.

fig. i

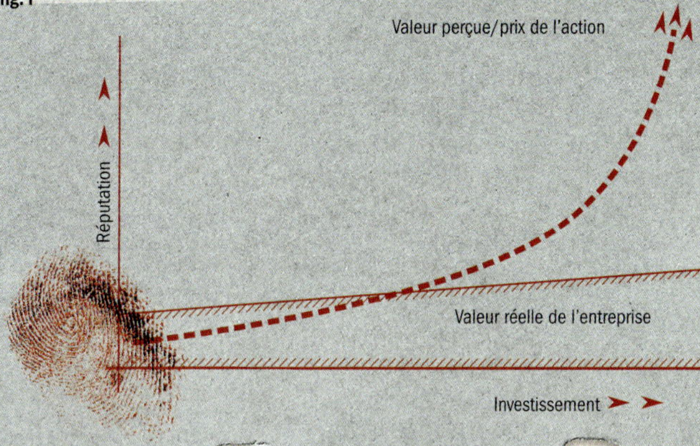
Valeur perçue/prix de l'action
Réputation
Valeur réelle de l'entreprise
Investissement

fig. ii

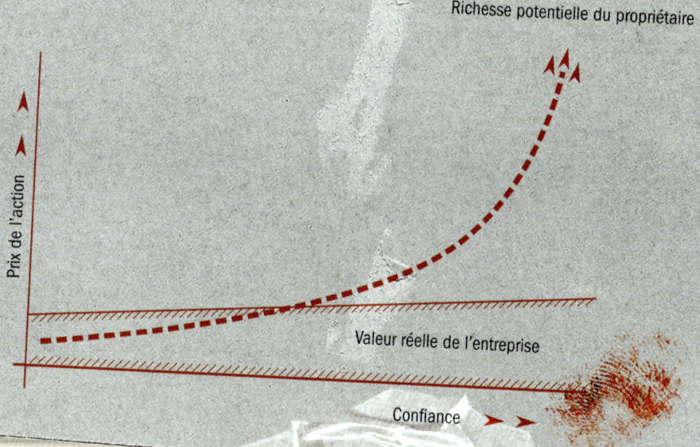
Richesse potentielle du propriétaire
Prix de l'action
Valeur réelle de l'entreprise
Confiance

Principe vi

La cerise sur le gateau

Certains manuels de développement personnel en font des tonnes sur le registre de l'honnêteté et de la vertu qui, paraît-il, est la meilleure des récompenses (allons donc !). Ils essaient aussi de nous faire avaler la belle idée de la joie dans le travail. La formule, je dois l'admettre, n'est pas totalement inepte. Comprenez-moi bien. Je ne parle pas de la satisfaction du travail bien fait, mais de la gratification que procure la Cupidité et qui peut prendre des formes souvent insoupçonnées.

L'individu cupide dispose, cela va sans dire, de moyens matériels supérieurs à la moyenne, ce qui lui permet de mener une existence tout à fait confortable. Mais il jouit, en outre, d'une forme de satisfaction tout à fait spéciale et inappréciable liée à la conscience qu'il a de sa réussite. Surtout si celle-ci a été bâtie aux dépends des autres. Le bonheur des uns fait le malheur des autres, dit le proverbe. Et le malheur des seconds est pour les premiers une source de jubilation qui n'a pas de prix.

Il s'agit de ce qu'on appelle une situation gagnant-gagnant. Plus vos affaires sont prospères, mieux vous vous sentez. Et mieux vous vous sentez, plus vous serez capable de faire prospérer vos affaires. Et au-delà, la satisfaction que vous retirez de vos succès et de l'accumulation de vos richesses décuplera votre confiance en vous et votre amour-propre. Vous irez ainsi au-devant de succès toujours plus grands et vous attirerez tous les regards. On s'arrachera votre compagnie, et en moins de temps qu'il en faut pour le dire, vous disposerez d'un carnet d'adresses en béton.

Votre notoriété grandissante vous vaudra, par effet boule de neige, une situation toujours plus dominante et vous n'aurez plus aucun souci à vous faire pour votre avenir.

fig. i

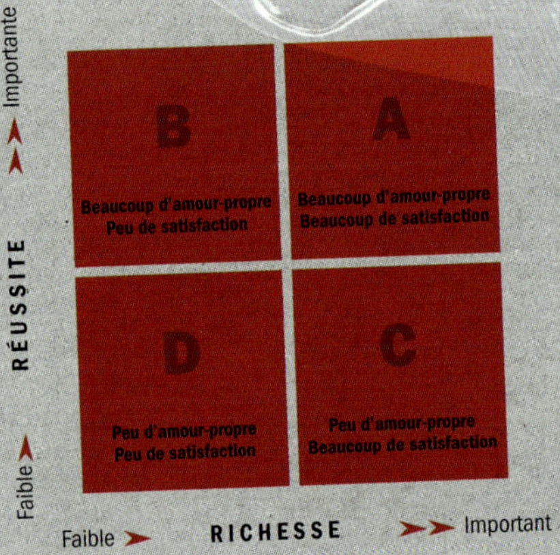
Importante
RÉUSSITE
Faible
B
Beaucoup d'amour-propre
Peu de satisfaction
A
Beaucoup d'amour-propre
Beaucoup de satisfaction
D
Peu d'amour-propre
Peu de satisfaction
C
Peu d'amour-propre
Beaucoup de satisfaction
Faible
RICHESSE
Important

LE PRINCIPE VI EN PRATIQUE

Le schéma de la Fig. i ci-contre décrit un modèle simple débouchant sur quatre scénarios de satisfaction/amour-propre possibles. Le scénario le moins intéressant est le D (peu d'amour-propre et de satisfaction), les cas C et B constituent un moindre mal tandis que le scénario idéal où amour-propre et satisfaction sont à leur maximum est incontestablement le A.

La Fig. ii montre que lorsque la richesse atteint des sommets (1), il en va de même de la satisfaction (2) et du succès (3). Cela permet d'éviter toutes les mauvaises passes qui sont le lot des petits joueurs. Le succès entraînant à son tour un surcroît de richesses, la boucle est bouclée et le cercle vertueux est enclenché. N'oubliez pas cependant que tout ce système repose sur une base solide d'appropriation (4) elle-même motivée par la Cupidité (5).

fig. ii

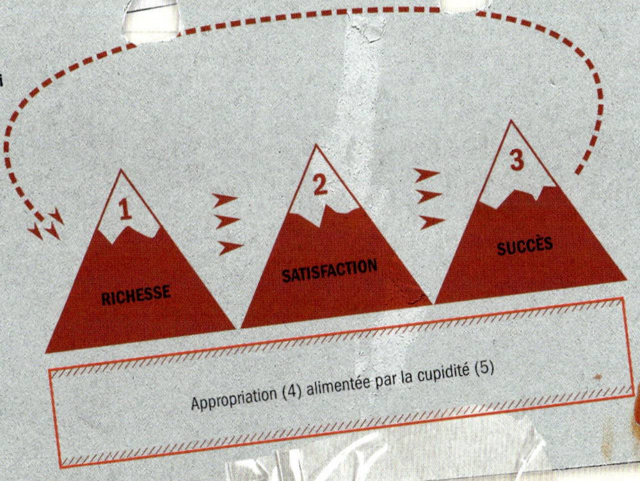

RÉSUMÉ DU CHAPITRE I

666

Récapitulatif des six principes de base de la cupidité

i Quand c'est bon, il n'y en a jamais trop

ii On peut toujours se faire une place au soleil

iii En amour comme en affaires, c'est vous qui décidez ce qui est juste

iv Le malin ne passe jamais à la caisse

v Bienheureux les riches, car ils en auront toujours plus

vi L'argent ne fait pas le bonheur, il l'achète

CHAPITRE II

LA LUXURE

Après avoir établi que la Cupidité est le ressort essentiel de nos comportements, nous devons maintenant nous demander comment en tirer le plus grand profit. Identifier une capacité de consommation est une chose. Mais il ne suffit pas de prendre pour réussir, il faut être insatiable.

Pour avancer, vous devez évaluer votre soif de richesses et, si besoin, l'augmenter afin qu'elle soit en phase avec les résultats que vous escomptez. L'outil qui vous sera le plus utile à ce stade, c'est la luxure (autrement appelée concupiscence), sous toutes ses formes les plus envoûtantes. Ici, nous ne sommes plus dans le royaume des idées, mais dans celui de l'instinct. C'est de libido qu'il s'agit, et suprême désir, d'appétit de Pouvoir.

Les puissants ont toujours une vénération pour le Pouvoir. On peut en déduire qu'il existe un lien direct entre Pouvoir et Passion, et, au-delà, que la Luxure qui alimente la Passion est un des ingrédients essentiels de la réussite.

Plus vos désirs seront ardents, passionnés et extravagants, mieux ils seront admis et faciles à satisfaire. Ce ne sont pas les saints qui couchent avec les vierges, mais les petits démons dans mon genre (croyez-en mon expérience).

Dans ce chapitre, nous examinerons les six règles fondamentales de la Luxure, et à chaque étape nous étudierons un exemple concret d'application des principes proposés pour vous aider à parvenir plus rapidement à vos fins.

Avoir envie ne suffit pas.
Il faut en crever d'envie.

Principe i

MAGNIFIQUE, LA LUXURE !

Certains illuminés, qui ne manquent pas d'air, essaient de vous convaincre que la réussite ne passe que par le travail. La réalité est pourtant tout autre. Si vous voulez vous élever dans la société et tutoyer les puissants, vous devez vous demander avant tout quel genre de vie vous voulez mener. L'argent, l'influence vous intéressent ? Et que diriez-vous d'une vie sexuelle bien remplie ? Faites confiance à vos instincts et à vos envies, c'est à ce niveau que se situe la vraie vie. Vous apprendrez alors à canaliser cette pulsion vitale en vue de la réalisation de vos objectifs et à vous entourer de suppôts qui partageront vos ambitions. La récompense, c'est dans la Luxure que vous la trouverez, pas dans la vertu.

ÉTUDE DE CAS : HUGH HEFNER

Fondateur de la revue Playboy, Hugh Hefner a construit un empire autour de ses trois principaux centres d'intérêts : la notoriété, l'argent et les femmes. Son succès a été foudroyant (avec l'aide de votre serviteur, il faut le dire). Ne reculant devant aucune de ses envies, il publia en 1953 des photos de Marilyn Monroe nue dans le tout premier numéro de Playboy. C'est ainsi que commença une brillante carrière associant toujours plaisir et argent, mais aussi notoriété. Qui ne rêve d'être un jour invité à l'une des fêtes que Hugh Hefner organise très régulièrement dans sa fameuse « Playboy Mansion » ? Et quel meilleur endroit pour rencontrer les gens qu'il faut ? Côté sexe et pouvoir, le garçon n'est pas à plaindre non plus. Les playmates n'ont jamais rien eu à lui refuser pendant toutes ces années, et à 80 ans passés, il continue à apprécier leurs charmes en fin connaisseur. Le bonheur dans la luxure, voilà une devise à retenir.

LE PRINCIPE I EN PRATIQUE

Votre « capacité de Luxure » dépend d'un certain nombre de variables. Il faut prendre en compte d'une part les messages que vous émettez pour faire connaître votre désir de réussite. Leur force - nous le verrons plus en détails aux pages 58 à 61 – est proportionnelle à votre influence. D'autre part, il faut inclure dans le calcul le « butin » que vous pouvez espérer décrocher.

En d'autres termes, votre qualité de vie est fonction de votre « sex appeal » et du pouvoir que vous exercez, le tout pondéré par l'importance du butin. Cette formule peut être améliorée en éliminant un certain nombre de scories afin d'obtenir un profil idéal en terme d'attentes, d'optimisme et d'attractivité personnelle.

En un mot, disons que ce que vous obtenez dépend non seulement de la quantité de votre mise, mais aussi de la manière dont vous la gérez et de ce que vous en faites.

LE QUOTIENT DE QUALITÉ DE VIE

$$QQ = \frac{(S+1) \times (P+1)}{(Y)^2}$$

calculé dans un contexte favorable

OPTIMISME	ATTRACTIVITÉ	ATTENTES

débouche sur une perspective tout à fait alléchante

$$QQ = \frac{(S+1) \times (P+1)}{(Y)^2}$$

Où :
QQ = quotient de qualité de vie
S = Sex appeal
P = pouvoir
Y = butin

Principe ii

Luxure : les racines du bien

Pour être en mesure d'élaborer une stratégie correctement ciblée afin d'atteindre vos objectifs, vous devez étudier attentivement les six différentes formes de luxure et leur origine, à savoir : la richesse et la propriété, le pouvoir et le sexe, la notoriété et la célébrité. Ces six « racines du bien » sont toutes aussi importantes les unes que les autres et elles sont interdépendantes. Chacune constitue une motivation à part entière en même temps qu'elle alimente et renforce les autres.

La règle d'or à respecter est très simple : positionnez-vous au point de convergence de ces six forces d'attraction afin d'optimiser votre ascension personnelle. En d'autres termes, soyez absolument égocentrique. C'est une solution radicale dont je n'ai jamais eu à me plaindre.

Ne pas oublier :

Là où il y a de la gêne, il n'y a pas de désir (et donc pas de plaisir).

ÉTUDE DE CAS : GIOVANNI GIACOMMO CASANOVA

Après avoir été exclu du séminaire (peu de temps après notre première rencontre, y aurait-il un rapport de cause à effet ?), Casanova embrassa une carrière beaucoup plus à la mesure de ses compétences. Tour à tour musicien, joueur professionnel et investisseur (plaçant généralement l'argent des autres), directeur de loterie à Paris, soldat, espion, diplomate et écrivain, il est surtout connu à notre époque pour ses aventures sexuelles et pour son autobiographie qui a fait scandale. Il fut l'enfant chéri du 18e siècle européen, comptant parmi ses amis des aristocrates, des membres de familles régnantes et des intellectuels (sans oublier votre dévoué serviteur, cela va sans dire…). S'il avait persévéré dans la carrière ecclésiastique, il serait devenu un de ces pauvres diables (le bel oxymore…) anonymes dont regorge l'Église. Grâce à mon intervention, il a su, au contraire, se mettre à l'écoute de sa Luxure et son nom, désormais célèbre, est entré dans le vocabulaire commun comme synonyme de libertin.

MORALITÉ

Dans la luxure ratissez large.

Plus on est de fous, plus on rit.

LE PRINCIPE II EN PRATIQUE

Ce schéma illustre parfaitement la capacité d'expansion des six racines de la Luxure. Les forces complémentaires de la richesse et de la propriété, du pouvoir et du sexe, de la notoriété et de la célébrité s'exercent de manière harmonieuse au profit du Moi, idéalement placé au centre.

Les racines de la Luxure

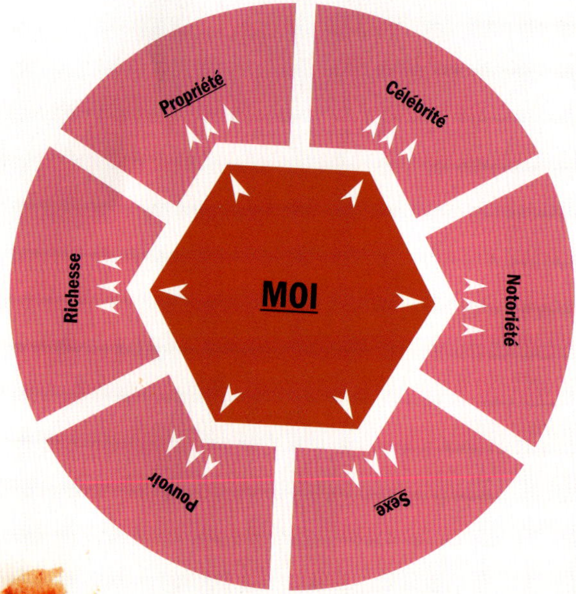

Nous pouvons observer ici les interactions entre les différentes forces qui alimentent la Luxure. Elles forment un cercle vertueux renforcé par un réseau de relations internes de cause à effet.

Réseau des stimuli et des motivations qui en découlent

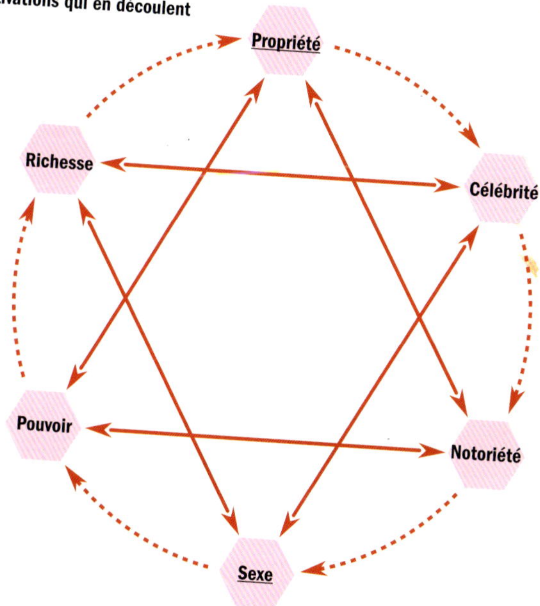

Principe iii

DEMANDEZ-LEUR DE TENDRE L'AUTRE JOUE

Je vais maintenant vous apprendre quelque chose qu'on n'enseigne jamais dans les écoles de commerce. Certaines personnes n'attendent qu'une chose : se faire tondre. Vous savez, ces êtres incapables, inefficaces, toujours à côté de leurs chaussures, qui ont un mal fou à joindre les deux bouts et vous donneraient la lune contre un peu de reconnaissance. Et ce n'est pas parce qu'ils constituent une cible un peu trop facile qu'il faut renoncer à les plumer. Faites-leur plaisir, ils aiment tellement ça !

Alors allez-y franco, là encore, c'est du gagnant-gagnant. Ils n'ont que ce qu'ils méritent et vous, vous vous remplumez d'autant. Au passage, vous vous faites même des alliés on ne peut plus fidèles. Et puis c'est tellement drôle de les regarder boire le bouillon.

ÉTUDE DE CAS : LE MARQUIS DE SADE

On ne présente plus Donatien, Alphonse François de Sade. Pornographe, hédoniste, cruel débauché, pédophile et félon, le divin marquis a fini ses jours dans un asile de fous. Un brave petit gars, en somme. Il a également été à la fois révolutionnaire et aristocrate (exercice de haute voltige qui exige un sens aigu de l'équilibre). Bref, il m'a tellement plu que je suis allé jusqu'à créer une erreur administrative pour le sauver de la guillotine. Ce fut un de mes meilleurs clients, un être immaculé, qu'aucune forme de vertu ne pouvait atteindre. Son exceptionnelle postérité ici-bas parle d'elle-même. Abusant éhontément de son pouvoir pour exploiter les faiblesses des gens, ce qu'il aimait par-dessus tout, c'était de voir se débattre ceux qu'il avait piégés. Je ne comprendrai jamais cette désobligeante connotation négative qu'a pris le mot « sadisme ».

MORALITÉ

Quand on a pressé le citron il faut jeter la peau.

LE PRINCIPE III EN PRATIQUE

Bien entendu, il faut trouver un moyen d'attirer le volatile que vous voulez plumer. Rassurez-vous, cet appât ne vous coûtera pas très cher. Tout a un prix, certes. Mais vous n'imaginez pas à quel point la plupart des gens sont abordables.

Dans un premier temps, choisissez minutieusement votre cible et identifiez les faiblesses à exploiter. Mettez-lui ensuite un appât adéquat devant le nez. Vous n'aurez pas longtemps à attendre, votre client avalera tout : appât, hameçon, et même la canne à pêche si vous n'y prenez garde ! Quand je vous disais qu'ils aiment ça ! Après avoir ferré votre proie, tournez le moulinet et regardez comme elle se débat. Mais ce cinéma ne dure jamais longtemps, car ils ont tôt fait de se résoudre à leur sort. J'applique toujours cette technique, et mes victimes m'en sont très reconnaissantes.

Comment ATTIRER sa proie	Comment ATTRAPER sa proie	Comment EXPLOITER sa proie
Aménité	**F**einter	**P**iller
Pots de vin	**E**mbobiner	**L**aminer
Pièges	**R**ouler dans la farine	**U**tiliser
Artifices	**R**epasser	**M**assacrer
Traîtrise	**E**nvelopper	**M**ortifier
Écrans de fumée	**R**etourner	**É**reinter
Ruse		**R**uiner

Principe iv

LA RÉUSSITE EST TOUJOURS UNE AFFAIRE D'HOMMES, MÊME POUR LES FEMMES

Les manuels de développement personnel font souvent peu de cas des différences de fonctionnement entre les sexes. On nous propose généralement le vieux cliché de l'homme gorgé de testostérone et de la femme soumise. Si cet archétype est caricatural, il possède quand même une part de vérité.

Le monde des puissants est avant tout un monde d'hommes. Des hommes déterminés, sûrs de leur fait, rompus à toutes les pratiques de domination. Il existe même, dans ces milieux, des institutions fermées aux femmes pour mieux renforcer le statut d'exclusivité des hommes.

Les rares femmes qui parviennent à se hisser sur les sommets ont, il va sans dire, refusé de se coucher devant les hommes et se sont souvent converties au modèle machiste pour arriver à leurs fins. D'autres, au contraire, ont décidé d'adopter une posture originale et ont découvert (comme nous le verrons dans les pages qui suivent) que le pouvoir peut aussi être exercé sous des formes plus subtiles.

Ces deux approches du pouvoir sont également intéressantes et il y a des enseignements précieux à tirer dans l'une comme dans l'autre. Dans tous les cas, jouez toujours en fonction de vos atouts.

LE PRINCIPE IV EN PRATIQUE

Les représentations graphiques ci-dessous illustrent de manière spectaculaire les différences d'approche et de résultats entre hommes et femmes. On voit dans le premier graphique que la courbe de recherche de satisfaction de l'homme (a) témoigne d'un intérêt élevé et peu fluctuant alors que sa courbe de satisfaction (b) révèle plus nettement une augmentation suivie d'une baisse. Cette augmentation s'essouffle clairement au point (x) et si, lorsqu'elle dépasse son point critique en (y), les ouvertures qui s'offraient à elle n'ont pas été concrétisées, elle tend ensuite vers le zéro.

Très différent, le deuxième graphique représente les courbes-types de prospection/satisfaction de la femme. On observe, tant du point de vue de la recherche des objectifs (c) que de leur taux de gratification (d) une augmentation initiale très rapide bientôt suivie d'une chute tout aussi spectaculaire. Une fois ce sommet atteint, la fluctuation est beaucoup moins marquée.

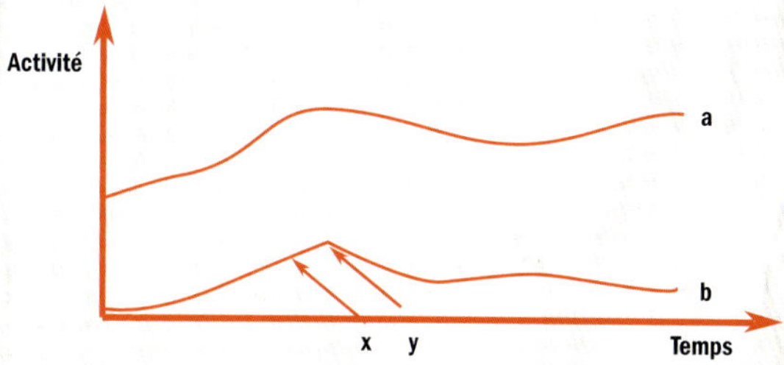

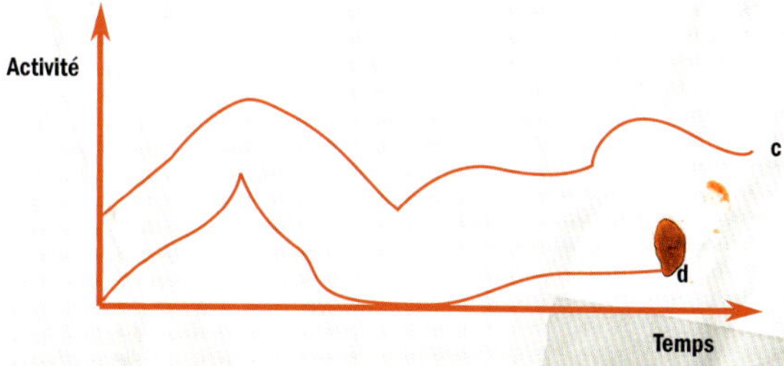

Principe V

Séduction et dissimulation sont les mamelles de la réussite

Vous ne rêvez pas. C'est bien moi, votre fourbe serviteur, qui vous conseille, sans rire, de vous mettre à l'écoute de la part de féminité qui est en vous. Loin de moi l'idée de vous vendre cette caricature de générosité maternante à quoi on réduit parfois la femme. Non, je veux parler au contraire de cette capacité de séduction de la femme qui confine à la sorcellerie et qui lui confère des pouvoirs proprement extraordinaires.

On pourra mettre à profit une certaine forme de duplicité féminine afin de cajoler, d'enjôler, que dis-je, d'envoûter l'autre pour éveiller son appétit et pouvoir le manipuler à loisir. Cette technique vous permettra de créer des liens fort bénéfiques pour votre stratégie d'ascension sociale en mettant les benêts dans votre poche. Le conseil vaut d'ailleurs non seulement pour les hommes mais aussi pour les femmes en quête de réussite. Trop de femmes n'ont pas conscience de l'or qu'elles ont dans les mains, et en l'occurrence dans le cœur, et les hommes tirent rarement tous les enseignements de leurs mésaventures au contact de la gent féminine. Flattez et charmez, il en restera toujours quelque chose...

ÉTUDE DE CAS : LUCRÈCE BORGIA

Quelle garce (euh…, je veux dire quelle grâce, le vilain lapsus) cette Lucrèce. Sans rire, elle connaissait d'avance toutes les règles du jeu et je n'ai eu que quelques encouragements à lui prodiguer (de bonne grâce d'ailleurs, tant la belle était charmante). Il faut dire qu'en tant que fille de Pape, elle avait dès le départ des atouts peu communs dans son jeu. Bien que née et élevée dans une famille aux dents longues comme ça, n'oublions pas qu'en tant que femme, elle aurait pu facilement se retrouver sur la touche si elle n'avait joué expertement la carte de la séduction. Cela lui a valu trois excellents mariages avec des hommes influents (et Dieu sait combien de liaisons tout aussi fructueuses) et une belle réputation de femme fatale. Il faut dire qu'avec son goût immodéré pour le poison, elle y a mis beaucoup de bonne volonté.

MORALITÉ

L'imposture ne vous mettra jamais en mauvaise posture

LE PRINCIPE V EN PRATIQUE

Ce que nous cherchons n'est souvent pas très loin. Mais au lieu de se fatiguer à aller le chercher, il est beaucoup plus pratique d'attendre qu'on vous l'amène. Ce n'est pas toi qui vas à la fortune, c'est la fortune qui viendra à toi. Et pour attirer la limaille, il faut un bon aimant. Plus le butin convoité est proche de votre coffre, plus vos arguments doivent être irréfutables jusqu'à ce que le point de non retour soit atteint. Comment procéder en pratique ? Faire gravir un à un les six échelons de mon échelle de la séduction à votre victime qui devra être, tour à tour :

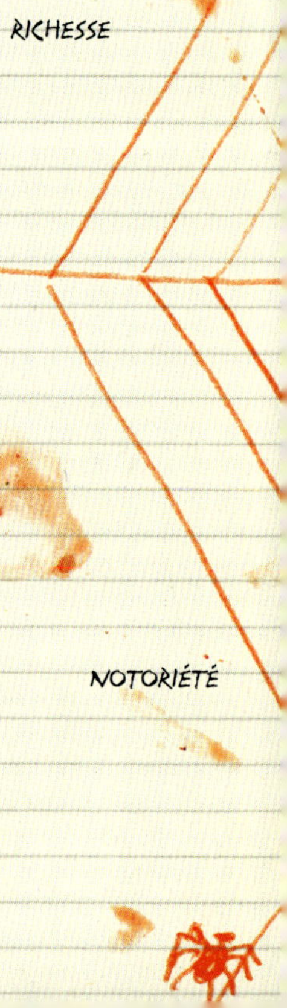

1 Informée

2 Surprise

3 Intéressée

4 Passionnée

5 Tentée

6 Ferrée

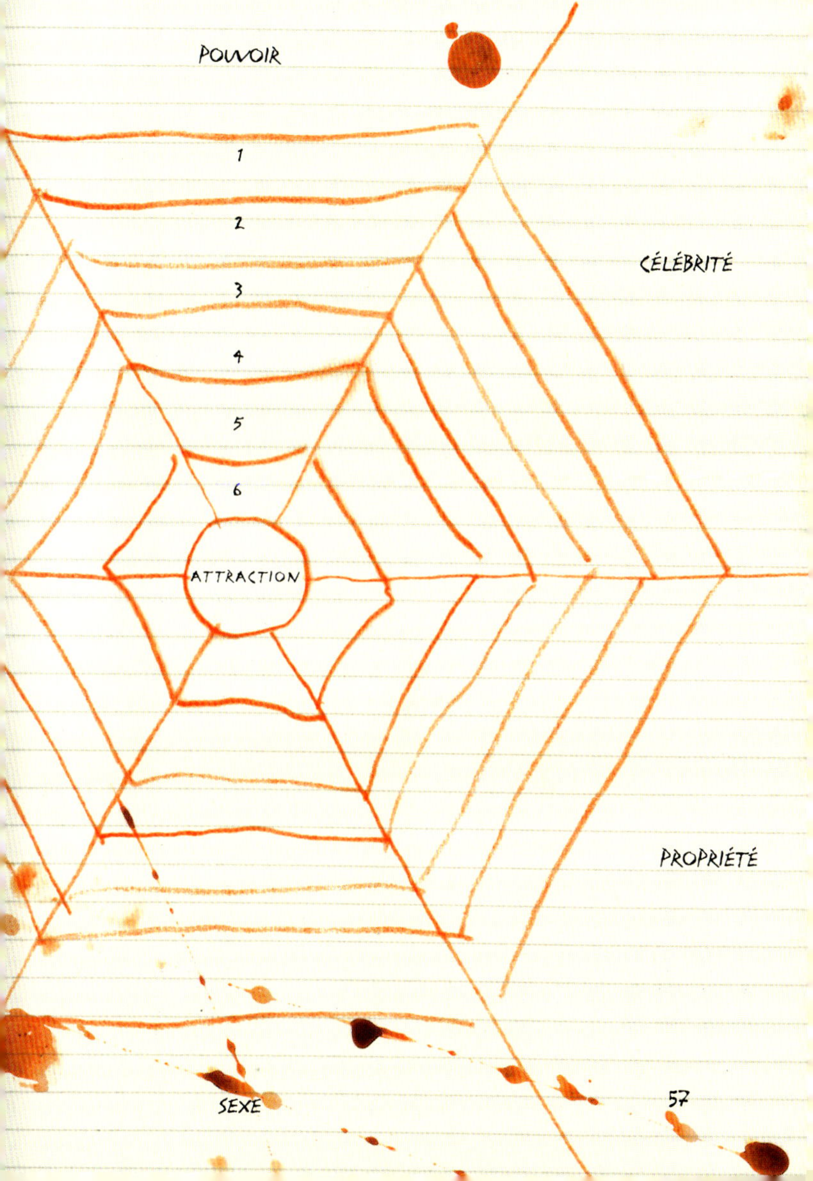
POUVOIR
1
2
3
4
5
6
CÉLÉBRITÉ
ATTRACTION
PROPRIÉTÉ
SEXE

Principe vi

Désir de pouvoir et pouvoirs du désir

Pour clore ce chapitre qui vous a permis d'identifier, de cultiver et d'exploiter la luxure qui est en vous, venons-en au principe sans aucun doute le plus important, celui qui vous permettra de transformer votre désir en pouvoir.

Henri Kissinger (qui a usé ses fonds de culotte sur les bancs de ma classe) a dit un jour : « Le pouvoir est le plus puissant des aphrodisiaques ». Ce qu'il a oublié de préciser, c'est que l'inverse est également vrai. Les puissants ne sont jamais des impuissants, ni dans leurs convoitise matérielle, ni dans leur appétit sexuel. Leur devise : ce qui est pris n'est plus à prendre. Non seulement parce que c'est à portée de leur griffes (j'en sais quelque chose, c'est moi qui les ai aiguisées) mais tout simplement par principe. Les êtres qui suivent leur libido partout où elle les mène sont donc de grands conquérants.

Les gens qui réussissent exercent une séduction, et les gens séduisants ont les moyens de réussir. Mais allons plus loin, les puissants sont insatiables et les gens insatiables ont toujours du pouvoir. Cette règle est sans doute la plus fondamentale de tous les principes de la Luxure. Vous devez littéralement vous en imprégner avant de prétendre la mettre en pratique.

En voici une illustration : dans une meute de chiens, le leader s'accouple avec toutes les femelles tandis que les autres mâles doivent se contenter de regarder. Et que faut-il faire pour être reconnu comme chef de meute ? Tout simplement laisser entendre à tout le monde qu'on a la ferme intention de s'accoupler avec toutes les femelles. En d'autres termes, pour s'imposer sur le terrain sexuel comme politique, il faut vraiment en avoir très envie et ne pas laisser le choix aux autres.

Dans sa formulation scientifique le principe est très simple :

Le pouvoir est proportionnel à la libido.

Ce qui donne l'équation suivante :

$$P = L^2 \times V$$

(Où P représente le Pouvoir, L la Libido, et V la Volonté de mettre L au service de P)

On peut aussi en déduire la formule suivante :

$$L = \sqrt{P/V}$$

LE PRINCIPE VI EN PRATIQUE

Pour pouvoir exploiter à fond son potentiel de Luxure, il est impératif de se hisser à la hauteur des enjeux. Vous devez non seulement désirer le succès de toutes vos fibres, mais aussi vous préparer à réussir. Si vous vous contentez de résultats moyens ou si votre motivation n'est pas suffisante, vous gâcherez vos meilleurs atouts.

Inversement, si le jeu en vaut vraiment la chandelle (si j'ose m'exprimer ainsi), votre Luxure va doper votre confiance en vous et vos arguments seront d'autant plus irréfutables. Rien ni personne ne pourra vous arrêter.

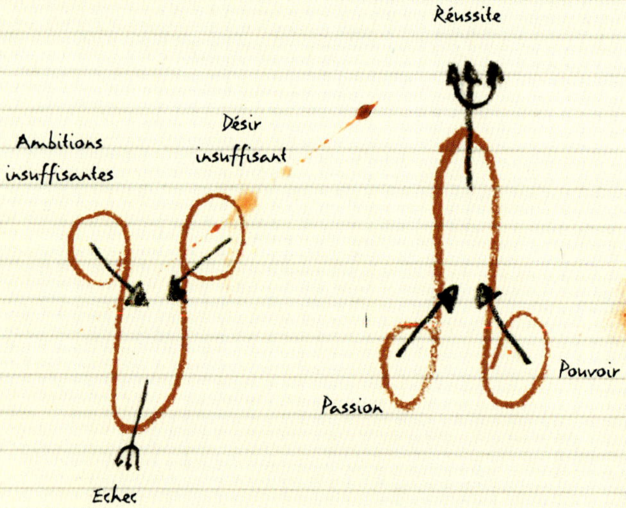

La règle d'or avec la Luxure, c'est la modération. La mise doit être minimale et le gain maximal. Pour ne pas disperser vos forces, il vous suffit de déplacer votre « base de pouvoir » pour obtenir un effet de levier qui décuplera votre satisfaction.

ÉQUILIBRE DES POUVOIRS

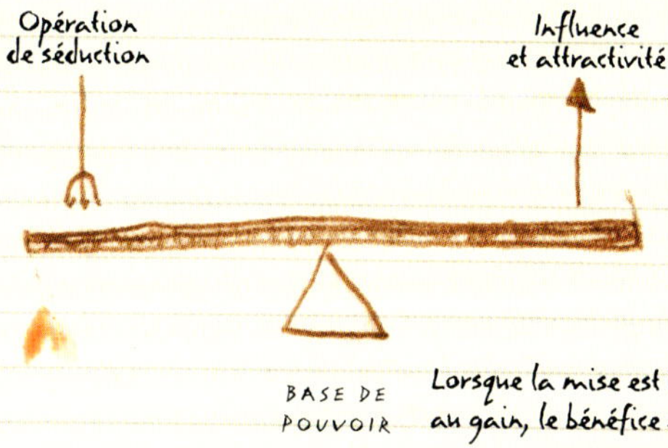

Lorsque la mise est identique au gain, le bénéfice est nul.

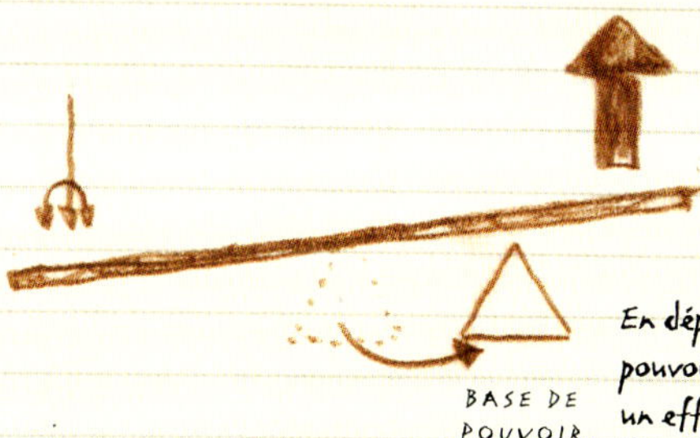

En déplaçant la base de pouvoir, vous obtenez un effet de levier qui démultiplie vos gains.

RÉSUMÉ DU CHAPITRE II

Récapitulatif des six principes de base de la Luxure

i L'imposture ne vous mettra jamais en mauvaise posture

ii La luxure : un diamant à six faces

iii Qui ne risque rien a tout : laissez les risques aux autres, contentez-vous de rafler la mise

iv Tu seras un homme...

v Ne pas aller au devant du succès, faire en sorte qu'il vienne à vous

vi Le pouvoir tu convoiteras, en premier toujours
666 tu te serviras

CHAPITRE III

LA PARESSE

Après avoir étudié, aux deux chapitres précédents, les ressorts essentiels du développement personnel (Cupidité et Luxure), nous allons nous pencher maintenant sur les différentes stratégies à mettre en œuvre pour obtenir des résultats.

Pour réussir, il faut savoir gérer son temps et ses ressources. Ce qui m'amène à vous présenter une nouvelle vertu capitale (même si j'exècre ce mot) : la Paresse. La paresse a souvent mauvaise presse. Pour les manuels de développement personnel qui font généralement une apologie éhontée du travail, la paresse est un obstacle au progrès. Rien n'est plus faux, comme nous allons le voir.

Assez de cette stupide « valeur travail » avec laquelle on nous bassine à longueur de journaux télévisés ! Car à quoi sert-elle sinon à inciter les ouvriers à se résigner pendant que les patrons s'en mettent plein les poches tout en dormant ? Et je sais de quoi je parle, c'est moi qui ai inventé ce système. « Une justice pour les pauvres, une autre pour les riches », c'est que je n'ai jamais cessé de rabâcher à mes clients.

Comme toutes les bonnes idées, elle coule de source. Lorsque la « Valeur Paresse » n'aura plus de secrets pour vous, vous serez capable d'éviter tout effort inutile et d'équilibrer à votre entier avantage travail et loisirs, responsabilités et avantages.

Travailler moins pour gagner plus !

Principe i

Éloge de la Paresse

En matière de Paresse, il existe un principe très simple mais irréfutable : l'effort est inversement proportionnel au revenu. Ce qui veut dire que plus on travaille, moins on gagne, et vice versa. Vous ne me croyez pas ? Ces quelques exemples suffiront à vous convaincre.

L'ouvrier lambda fait ses 40 heures par semaine à l'usine, et pour vivre, il doit aussi faire travailler sa femme et ses enfants. Toujours fauché, il a souvent du bricolage à faire chez lui, et pour joindre les deux bouts, il doit même avoir un petit boulot supplémentaire. Son patron, lui, passe deux heures par jour au bureau. Le reste du temps, il est à son club de golf, au restaurant, etc. Pas question pour lui de se priver de quoi que ce soit : domestiques, voitures de luxe, bijoux hors de prix pour sa femme et les meilleures écoles privées pour ses enfants. Question : Lequel de ces deux personnages enviez-vous le plus ?

	L'ouvrier lambda	Le gros bonnet
Nombre d'heures de travail hebdomadaires	60, avec parfois des heures supplémentaires	20 (maxi.)
Salaire annuel	12 000 euros	4 millions d'euros (plus les primes, stock options, avantages en nature, etc.)
Occupation de ses soirées	Petit boulot de chauffeur de taxi ou de gardiennage	Soirées en boîtes de nuit, réceptions et autres événements mondains
Occupation de ses week-end	Bricolage dans la maison. Boit parfois une bière ou deux en regardant la télé.	Il reçoit ses amis sur son yacht ou dans sa résidence secondaire.
Vacances	Les cinq semaines réglementaires, souvent passées avec ses beau-parents	Il passe régulièrement un mois entier dans les plus belles stations balnéaires du monde.

MORALITÉ

Travailler ou lézarder, il faut choisir

ÉTUDE DE CAS : GEORGE W. BUSH

Dans les hautes sphères du pouvoir, la lutte est sans merci. Surtout quand il s'agit de défendre le monde libre. Mais n'ayez aucune crainte, les présidents des États-Unis ont établi un parfait équilibre entre travail et vie privée afin d'éviter tout risque de surmenage. Les premières avancées dans ce domaine sont dues à Ronald Reagan qui a pris 436 jours de vacances en deux mandats (soit 54 jours et demie par an). Un record vite amélioré par George Bush père avec 543 jours en un seul mandat, puis pulvérisé par son fils W. Bush qui a passé plus du quart de son temps à Camp David, dans son ranch de Crawford au Texas et autres lieux de villégiature. Si l'on compare ces 3 mois de vacances et plus par an, grassement payés, avec les 13 jours réglementaires de congés payés de l'Américain moyen, on voit qu'il n'y a pas photo. Alors, qui est l'idiot du village, finalement ?

Les bronzés font de la politique

LE PRINCIPE I EN PRATIQUE

En gestion des entreprises, dans le domaine commercial, financier ou social, la règle d'or est la politique du moindre effort pour un gain maximal.

Étant donné que revenu et travail sont inversement proportionnels quelle que soit l'activité considérée, alors :

$$G = A / T$$

(où G = le Gain, A = l'Activité et T = le Travail)

On observe immédiatement le défaut du système sous la forme d'une baisse tendancielle du gain : plus le travail nécessaire est important, plus le gain diminue. Et inversement : plus le gain est faible, plus le travail nécessaire est important. D'où l'on peut néanmoins déduire que, inversement :

$$T = A / G$$

(le travail nécessaire est moins important si le gain augmente)

Concrètement, cela signifie que si vous ne visez pas assez haut, vous serez toujours submergé de travail, alors que si vous voyez vraiment les choses en grand, vous serez le roi. D'autant que si vous travaillez d'arrache-pied, vous n'aurez aucune reconnaissance, alors que si vous faites trimer les autres à votre place, c'est vous que l'on félicitera.

Bien que le choix soit diaboliquement simple (c'est normal, c'est moi qui ai posé les données du problème), vous devrez néanmoins établir une stratégie et une tactique spécifiques pour obtenir les résultats escomptés si vous voulez pouvoir vous tirer des situations les plus difficiles. Vous pourrez vous aider du tableau ci-dessous (nous y reviendrons plus en détails dans les pages suivantes). Entre nous, il y a toujours un moyen assez simple de s'en sortir.

Quatre stratégies fondamentales	Quatre tactiques fondamentales	Trois résultats fondamentaux
Délégation	Reproches	Succès
Exploitation	Mensonge	Vie facile
Dérobade	Travail de sape	Prospérité
Procrastination pourquoi faire aujourd'hui ce que l'on peut remettre à demain	Excuses	

Principe ii

On a toujours besoin d'un plus petit que soi

À moins que vous ne soyez le dernier des derniers (et sérieusement, si tel était le cas, vous n'auriez même pas de quoi vous acheter ce livre), vous trouverez toujours un plus faible que vous dans la hiérarchie sociale. Bonne nouvelle : vous aurez toujours la possibilité de lui refourguer le travail que vous n'avez pas envie de faire. Non seulement il n'a pas les moyens de refuser, mais si vous savez vous y prendre, il vous sera reconnaissant de la confiance que vous lui témoignez.

Vous pouvez même essayer avec vos égaux. Une demande finement formulée allégera utilement votre agenda et vous aurez la réputation de favoriser le travail d'équipe. Et lorsque vous maîtriserez parfaitement la technique, vous pourrez même la tester sur vos supérieurs (s'il vous en reste, car la position idéale reste quand même le sommet de la pyramide, pas vrai ?).

LE PRINCIPE II EN PRATIQUE

Cette stratégie ne s'applique pas qu'au monde des affaires. Vous pouvez y avoir recours dans toutes les situations où une corvée risque d'alourdir inutilement votre emploi du temps : au bureau, dans vos loisirs, avec vos relations et même à la maison. Il suffit d'adapter légèrement la méthodologie au contexte.

LES SIX PILIERS DE LA PARESSE

EN TANT QUE :	VOUS DEVEZ :
Chef d'entreprise	Déléguer
Employé	Vous défausser sur vos collègues
Membre d'une association/club	Nominer
Ami	Convaincre
Époux	Flatter
Parent	Soudoyer

Principe iii

Exploiter sans vergogne

Après avoir posé l'importance de la délégation, observons de plus près le mode de fonctionnement de ce principe. Première condition nécessaire mais non suffisante, il faut d'abord avoir beaucoup de subalternes. Personnellement, si j'en suis là aujourd'hui, c'est parce que j'ai sous mes ordres toute une armée de démons inférieurs. Ensuite, il faut identifier leur talon d'Achille, qui se résume le plus souvent à la cupidité ou à la bêtise.

Faire ses choux gras de la cupidité d'autrui est chose facile. Il suffit de lui faire miroiter une récompense assez alléchante. Paradoxalement, l'exploitation de la bêtise réclame plus d'intelligence. Si vous avez un travail à faire, trouvez un quelconque employé pour le faire à votre place. Tant que vous les payez moins que ce que vous en retirez vous, vous aurez fait un profit sans avoir eu à lever le petit doigt. Et n'allez surtout pas croire que vous les motiverez en les payant plus. Au contraire, baissez leur salaire. Ils devront travailler plus pour gagner la même chose et ils seront donc plus rentables. Et la crainte du chômage est le meilleur vaccin connu contre la flemmardise.

Les cadres d'entreprises doivent ainsi nommer des responsables à un niveau inférieur au leur pour pouvoir leur faire faire ce qu'ils n'ont pas envie de faire eux-mêmes. Plus on monte dans la hiérarchie, moins il y a de travail à faire et plus on dispose de « larbins » pour se défausser, l'objectif final, étant bien sûr de parvenir seul au sommet de la pyramide. Là, tout le monde travaille pour vous. Vous n'avez plus rien à faire !

Cerise sur le gâteau : plus vous avez de valets à votre botte, plus vous passez pour compétent. Le monde à l'envers...

ÉTUDE DE CAS : CHARLES PONZI

Charles Ponzi (alias Carl, Carlo Ponei ou Bianchi), inventeur méconnu de divers systèmes d'enrichissements express, a quitté son Italie natale pour les États-Unis en 1903 avec 2 dollars 50 en poche. Peu de temps après il était incarcéré pour une escroquerie bancaire et pour « importation » illégale d'immigrants. Son séjour en prison lui ouvrit les yeux (les bons conseils qu'il m'a demandés aussi) et à sa sortie, il était résolu à marcher à nouveau droit. En l'occurrence, droit au bureau de Poste où il encaissa des coupons-réponses internationaux provenant d'Italie avec à la clé un bénéfice de 400 %. Envoyant des agents spéciaux dans son pays natal, chargés d'acheter des quantités supplémentaires de ces coupons, il incita de nombreux investisseurs à financer son système en leur promettant un taux d'intérêt de 50 %. Cette « arnaque » eut un tel succès que dès 1920, Ponzi était devenu multimillionnaire, laissant ses agents « gérer » l'afflux exceptionnel d'investisseurs dont la rémunération était assurée par... les investisseurs suivants. À ce stade, il y avait longtemps que Ponzi avait abandonné lui-même l'achat-vente de coupons. Cet ingénieux dispositif ne demandait qu'à se perpétuer lorsqu'un journaliste un peu trop curieux découvrit le pot-aux-roses et fit s'écrouler le gigantesque château de cartes (mais je décline toute responsabilité dans cette affaire).

MORALITÉ

Pour faire fructifier une bonne idée, trouvez des volontaires pour faire tout le travail (payés à la commission, bien entendu, pas question de salaire) et suffisamment de gogos pour assurer le financement.

LE PRINCIPE III EN PRATIQUE

La répartition des tâches dans les entreprises se fait généralement selon le schéma suivant : Un dirigeant d'entreprise (A) délègue une tâche à plusieurs subordonnés (B). Déjà surchargés de travail ceux-ci délèguent à leur tour au niveau immédiatement inférieur (C) et ainsi de suite, jusqu'au niveau le plus bas. La tâche est donc répartie dans l'ensemble du personnel de l'entreprise. Le dirigeant (A) peut ainsi profiter du temps libre qu'il s'est procuré et de son autorité sur ses supérieurs qu'il a renforcée.

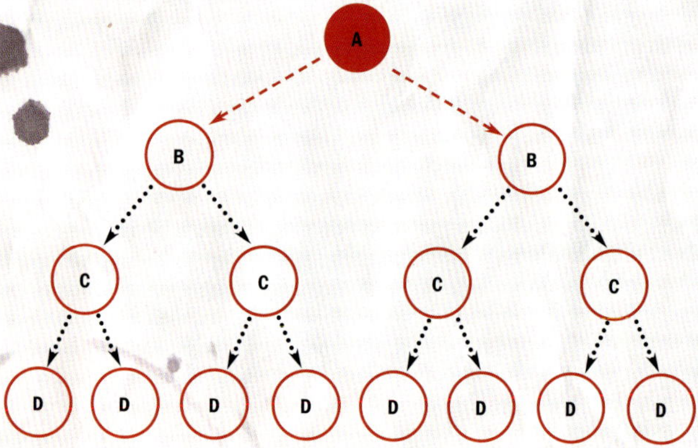

La beauté de ce modèle d'exploitation s'observe de manière spectaculaire dans ce que l'on appelle la « vente multiniveau » qui consiste à concéder des franchises à des entrepreneurs dynamiques qui se chargent de la gestion au jour le jour. Une équipe de responsables régionaux surveille le fonctionnement du système et rend des comptes au conseil d'administration qui se contente de signer les comptes rendus et d'encaisser les bénéfices. Là encore, le plus haut dirigeant n'a rien à faire, si ce n'est s'enrichir chaque jour un peu plus.

Chaîne de commandement et circulation des ressources dans les organisations en forme de polyhèdre

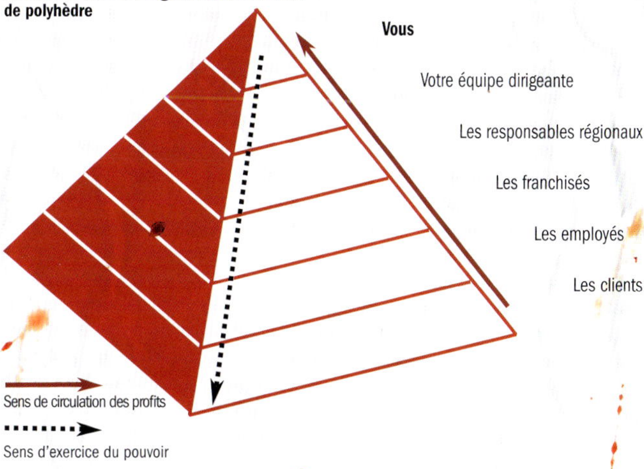

Principe iv

Ni responsable ni coupable

De même qu'il est possible de se défausser de son travail (voir pp. 70 à 73), vous pouvez vous décharger de vos responsabilités sur les autres. Si les choses tournent mal, vous avez sous la main un bouc émissaire, et ce n'est pas vous, mais bien lui qui perdra son emploi. Si, au contraire, le succès est au rendez-vous, tous les honneurs seront pour vous. Normal, vous aviez tout prévu.

Vous devrez, bien entendu, préparer votre coup, mais vous serez largement remboursé de vos efforts, car en cas d'échec, ce n'est pas vous qui paierez les pots cassés. En rejetant toute responsabilité et en faisant porter le chapeau aux autres, non seulement vos compétences et votre autorité ne seront pas remises en cause, mais vous n'aurez pas à mettre la main à la pâte pour réparer les dégâts. Et vous n'aurez pas à beaucoup vous triturer les méninges pour trouver un pigeon. Dès que vous aurez proposé un poste à responsabilité, ils se bousculeront pour l'avoir. Moi-même, j'ai toujours su m'entourer de « démons-sycophantes » experts dans la recherche de boucs émissaires.

MORALITÉ

Si vous avez de l'ambition, assurez vos arrières en vous déchargeant systématiquement de toute responsabilité sur vos subordonnés.

ÉTUDE DE CAS : LES HIÉRARCHIES POLITIQUES

Les dictatures sont typiquement des systèmes totalement hiérarchisés où c'est le Président/Monarque/Empereur qui décide et nomme les ministres qui se feront taper sur les doigts en cas d'échec (une petite exécution capitale de temps en temps met utilement les points sur les I). Souvent il en va de même en démocratie. Certains représentants élus particulièrement ambitieux ont un talent exceptionnel pour se frayer un chemin jusqu'au sommet du pouvoir. Une fois en poste, il leur suffit de répartir les responsabilités au niveau inférieur (c'est une technique que j'ai inculquée avec succès à de nombreux personnages historiques, de Caligula à Staline en passant par Margaret Thatcher). Si ça marche, on m'applaudit, si ça foire on t'agonit : telle pourrait être leur devise.

LE PRINCIPE IV EN PRATIQUE

Face à un risque de critique, ayez toujours en réserve un certain nombre d'arguments crédibles pour vous justifier face à votre accusateur. Le but est de renvoyer la responsabilité sur d'autres et de vous assurer que ces « autres » (les accusés) ne pourront en aucune manière vous impliquer.

Vous trouverez dans le tableau ci-contre une série d'arguments pour vous justifier ou esquiver vos responsabilités face à vos détracteurs et pour vous délester de votre travail et de vos responsabilités sur vos subalternes qui feront des accusés tous trouvés en cas de problème. Veillez néanmoins à vous forger une solide stratégie de récrimination et d'évitement qui, au fil du temps, deviendra une véritable seconde nature.

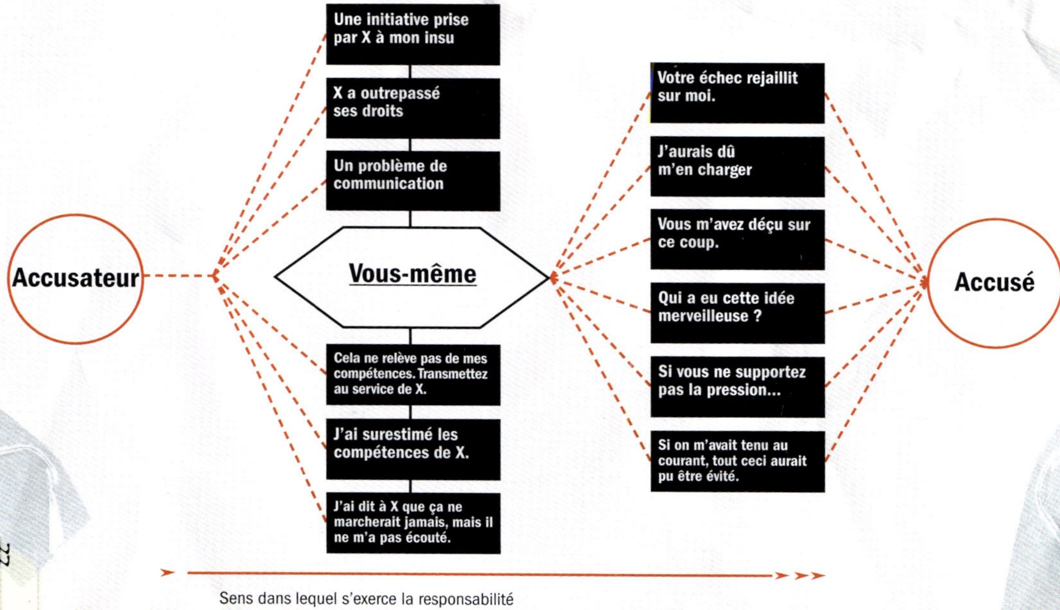
Accusateur
Une initiative prise par X à mon insu
X a outrepassé ses droits
Un problème de communication
Vous-même
Cela ne relève pas de mes compétences. Transmettez au service de X.
J'ai surestimé les compétences de X.
J'ai dit à X que ça ne marcherait jamais, mais il ne m'a pas écouté.
Votre échec rejaillit sur moi.
J'aurais dû m'en charger
Vous m'avez déçu sur ce coup.
Qui a eu cette idée merveilleuse ?
Si vous ne supportez pas la pression…
Si on m'avait tenu au courant, tout ceci aurait pu être évité.
Accusé
Sens dans lequel s'exerce la responsabilité

Principe v

Si on vous tend une chaise, exigez un fauteuil

Vous pensez pouvoir accéder à la réussite en empruntant une voie pavée de bonnes intentions ? Ôtez immédiatement de votre esprit cette chimère ou vous irez droit dans le mur ! Admettez une bonne fois pour toutes que vous n'êtes pas fait pour les corvées et laissez à d'autres la défense de la veuve et l'orphelin. Quel que soit votre métier, il y a toujours un moyen plus agréable de le faire, le mieux étant, bien sûr de ne rien faire du tout.

Il est donc temps de mettre de l'ordre dans votre agenda en commençant par « confier » toutes les tâches ingrates qui vous répugnent. Vous pourrez, ensuite, songer à vous débarrasser aussi de tout le reste. Ce n'est qu'une question de « division du travail ». L'essentiel c'est que ce soit vous qui fassiez la division. S'ils arrivent quand même à vous coincer, consultez votre Blackerry. Vous y trouverez sûrement un rendez-vous qui ne peut pas attendre.

Autre tactique très efficace pour louvoyer, mais qui exige un minimum de préparation : essayez de faire systématiquement coïncider vos vacances, vos pauses déjeuner, vos rendez-vous chez le dentiste et votre passage aux toilettes avec des périodes de forte activité...

Mais la meilleure solution, c'est encore de faire le mort : Lorsqu'une démarche a pris suffisamment de retard, quelqu'un finit toujours par s'en rendre compte et

VOS MANŒUVRES DILATOIRES PRÉFÉRÉES

1. Faire du café
2. Faire semblant de lire
3. Jouer au solitaire sur votre ordinateur
4. Ranger votre bureau, et notamment ajouter de nouveaux élastiques à votre boule d'élastiques
5. Arpenter le bureau pour vérifier que tout le monde est bien au travail
6. Vérifier vos e-mails pour retrouver tous les liens vers des blagues ou des vidéos en ligne
7. Gribouiller dans la marge de quelque document important
8. La pause déjeuner
9. Jouer avec l'imprimante ou la photocopieuse
10. Faire des listes de vos occupations préférées

règle le problème. Et si personne ne s'en émeut, c'est finalement encore mieux. Ce que les Anglais appellent la procrastination, le fameux « remettre au lendemain... », est un art fort décrié que certains sots assimilent à une perte de temps. Tragique erreur ! Tous ceux qui le pratiquent ont vite compris que cela leur permet, au contraire, de passer du bon temps.

Enfin, si vous vous trouvez à bout d'arguments face à une corvée urgente, jurez vos grands dieux (pas un mot sur moi surtout...) que vous vous en êtes déjà occupé ou que quelqu'un d'autre est en train de s'en occuper. Inventez n'importe quoi. Ce cours vous permettra, comme à tant d'autres de mes étudiants avant vous, d'acquérir le toupet nécessaire pour énoncer les contre-vérités les plus monstrueuses. Si le mensonge est vraiment gros, personne n'osera vous contredire. Vous pouvez me croire. Pourquoi vous mentirais-je ?

LE PRINCIPE V EN PRATIQUE

Les règles essentielles permettant d'éviter toute forme de fatigue sont d'une simplicité enfantine, mais hélas, souvent oubliées. Voici comment on peut les formuler :

- NE JAMAIS, SOUS AUCUN PRETEXTE, SE PORTER VOLONTAIRE POUR QUOI QUE SOIT
- LES DATES LIMITES N'ONT QU'UN CARACTERE INDICATIF. NE PAS Y PRÊTER ATTENTION
- LES TROIS RÈGLES D'OR DU GESTIONNAIRE AVISÉ : AJOURNER, REMETTRE À DEMAIN, SE DÉROBER

Cher prof. W. : Je ne peux m'occuper de cette affaire. Prière de me la rappeler d'ici quelques temps. Un de ces jours...
NDS

VOTRE SEIGNEURIE,

IL FAUDRAIT DÉFINIR RAPIDEMENT LE CONTENU DE CETTE PAGE. LA DATE LIMITE APPROCHE DANGEREUSEMENT ET LE DOSSIER DOIT ÊTRE BOUCLÉ SANS TARDER.

CORDIALEMENT,
PROF W

TROIS TECHNIQUES DILATOIRES À CONNAÎTRE

Ajourner

1. Mettez partout des notes : « À débattre ultérieurement »
2. Transmettez tous les dossiers à vos collègues pour validation avant la décision finale.
3. Renvoyez en permanence l'image de quelqu'un de trop occupé pour pouvoir traiter de nouveaux dossiers.

Remettre a demain

1. Activité de diversion : ayez en permanence diverses choses « urgentes » à faire (pause café, pause déjeuner, passage aux toilettes, etc.)
2. Réaménagez sans cesse votre agenda de manière à disposer en permanence de temps libre dans les heures à venir.
3. Bannissez définitivement le mot « urgent ». Exemple : remplacez l'étiquette « Courrier urgent » par « Courrier en attente ».

Se dérober

1. Si on vous met sur la sellette, changez de sujet
2. Compliquez les tâches trop simples pour gagner du temps. Mettez-leur en plein la vue avec des détails techniques sans intérêt pour noyer le poisson.
3. Ayez toujours sous la main une liste d'excuses, de boucs émissaires et de mensonges vraisemblables.

Fuir le risque comme la peste !

Beaucoup de ratés qui font appel à mes services recherchent simplement de l'excitation pour mettre un peu de gaîté dans leur sinistre existence. Ces gens-là n'ont rien compris. S'ils ont besoin d'adrénaline, ils n'ont qu'à faire du saut en élastique ! Les puissants, eux, savent pertinemment que le risque vous pompe une énergie précieuse qui pourrait être utilement utilisée à des activités beaucoup plus agréables. Alors, ne prenez pas le risque d'avoir à le regretter.

Bien sûr, il n'est pas possible d'éliminer toute forme de risque de votre existence. Dans tous les cas, s'il faut prendre des paris, veillez à ce que ce soit toujours avec l'argent des autres. Si vous présentez les choses sous un jour favorable, vous trouverez toujours des gens pour vous confier leurs économies. Si tout va bien, vous vous taillez la part du lion dans les bénéfices, et si ça tourne mal, c'est leur argent qui part en fumée... Mes fidèles conseillers financiers, courtiers et autres spéculateurs pourraient vous en raconter. Dans tous les cas, tenez vos soutiens financiers informés de leurs pertes (ils n'aiment pas qu'on les laisse dans le flou) faute de quoi vous risqueriez d'être pris comme bouc émissaire (voir l'étude de cas de la p. 115). Veillez aussi à établir un contrat en béton avec plein de clauses de sauvegarde écrites en petits caractères (je suis toujours intraitable là-dessus, le diable est dans les détails, c'est bien connu).

Dernière chose. Si vous êtes payé à la commission, engagez-vous uniquement sur de très gros contrats. Si la commission est de 10 %, vous comprendrez qu'il vaut mieux vendre des avions de chasse plutôt que des allumettes.

LE PRINCIPE VI EN PRATIQUE

Question prise de risques, il vaut mieux être bookmaker que turfiste. Examinez les données du problème et faites le calcul :

Soit une course à trois chevaux. Le cheval A est un crack, il a toutes les chances de gagner la course. Donnons-lui 70 % de chance de finir 1er. Le cheval B est un vieux canasson sur le retour, mais il a du métier et il pourrait quand même créer la surprise. Donnons-lui 20 % de chances de gagner. Le cheval C, lui, n'a gagné qu'une course dans toute sa carrière : un vrai cheval de trait. Soyons généreux, donnons-lui 10 % de chances de victoire (le total des chances s'élève bien à 100 %, jusqu'ici tout va bien). Voici notre tableau de pronostics.

A : 3-7 (30-70 %) B : 4-1 (80-20 %) C : 9-1 (90-10 %)

Mais vous, le bookmaker, ce n'est pas comme cela que vous allez présenter les choses. Vous allez augmenter les pourcentages : ainsi, A a 80 % de chances de gagner, B 30 % et C 20 %. Ce qui donne le tableau suivant :

A : 1-4 (20-80 %) B : 7-3 (70-30 %) C : 4-1 (80-20 %)

Vous constatez que maintenant, les chances de victoire de l'ensemble des chevaux ne font plus 100 % mais 130 %. Ce qui veut dire que si vous encaissez les mises correctement, vous ne payez que 100 euros de gains pour 130 euros de mise perçue. Quel que soit l'ordre d'arrivée des chevaux, vous faites un bénéfice de 30 %. Voilà qui est finement joué !

RÉSUMÉ DU CHAPITRE III

Récapitulatif des six Principes de base de la Paresse

i Le travail, ce n'est pas la santé.

ii Ce que les autres font n'est plus à faire

iii Ça marche ? L'idée était de vous

iv Ça foire ? C'est de la faute des autres

v Ne jamais remettre au lendemain ce que l'on peut faire le surlendemain

vi Pile je gagne, face tu perds

CHAPITRE IV

LA COLÈRE

Les gourous du management et du « coaching » parlent sans arrêt des « compétences personnelles », ce que dans l'entreprise on appelle les RH ou ressources humaines (j'adore cette expression, elle s'applique parfaitement à ma propre activité) et dans la sphère familiale et amicale les « relations interpersonnelles ». Nous touchons là un domaine très important, je vous l'accorde, mais de grâce, faisons une fois pour toutes une croix sur ces insupportables bons sentiments qui ont pour nom empathie, compréhension, compromis, etc.

Ce genre de sensiblerie ne vous mènera nulle part. Quant au « Tout-puissant » sur son nuage, qui nous rabâche depuis 2000 ans des sornettes du genre « Bienheureux les pauvres, le royaume des cieux leur appartient », s'il pense vraiment que la colère est un péché capital, pourquoi se fâche-t-il tout rouge toutes les trois pages de l'Ancien Testament ?

Mon approche de la colère est toute différente, vous vous en doutez. Pour pouvoir rivaliser avec les puissants, il faut savoir exercer sa colère. L'agressivité est un instinct de base. Quand on cherche à vous prendre votre bien, vous le défendez, et quand vous convoitez ce que les autres ont, vous attaquez. Logique non ? Tenter de maîtriser sa colère est une pure hérésie. Au contraire, vous apprendrez dans ce chapitre comment déchaîner vos foudres pour mieux contrôler autrui. Ça ne leur fera pas plaisir, mais je peux vous garantir que vous ne vous ferez pas marcher sur les pieds.

Mieux vaut être craint qu'être aimé (Machiavel)

Principe i

Sans peur et sans pitié

Pour être un instrument de pouvoir efficace, la colère doit se voir (et s'entendre). Être de mauvaise humeur ne sert à rien si vous ne le montrez pas de manière très explicite. Ricanez ouvertement, envoyez des « vannes » et sortez de vos gonds à la moindre provocation. Et surtout soyez efficace : appuyez là où ça fait mal.

La colère a fait ses preuves en politique au fil de l'Histoire. Pour dominer un adversaire, identifiez d'abord ses faiblesses et prenez prétexte de la moindre erreur, du plus petit écart de langage pour faire éclater votre fureur. Vos interlocuteurs seront en permanence au garde-à-vous (certains adorent d'ailleurs qu'on les traite comme des chiens, comme nous l'avons vu au chapitre II, Principe iii).

La seule limite à votre colère est la résistance de celui à qui elle est adressée. Cela peut aller d'une simple menace voilée à des entreprises plus vicieuses et de plus grande envergure comme l'espionnage industriel, le sabotage, le chantage ou l'assassinat. Passé les bornes, il n'y a plus de limites. Et ce qui ne gâche rien, plus le gibier est gros, mieux votre assiette est remplie.

MORALITÉ

Apprenez-leur qui est vraiment le patron

ÉTUDE DE CAS : AL CAPONE

Dans les années 20, Al Capone avait établi tout un réseau de banditisme bien sympathique à Chicago : distilleries, bars clandestins (les fameux speakeasy) et rackets en tous genres. C'est un des étudiants dont je suis le plus fier. Hélas pour Capone, un autre de mes protégés, « Bugs » Moran lorgnait sérieusement du même côté que lui. Leurs tractations n'ayant débouché sur rien de concret, deux des conseillers de Capone, « Greasy Thumb » Gusik et Nitti « l'exécuteur » lui conseillèrent de montrer à Moran les sentiments qu'il éprouvait pour lui. Il demanda alors à « Machinegun » McGurn de constituer une équipe de tueurs, et le jour de la Saint-Valentin 1929, déguisés en policiers, tous ces braves gens attirèrent les principaux lieutenants de Moran dans un garage avant de les transformer en écumoires. Toujours en retard à ses rendez-vous, Moran loupa la belle fête donnée en son honneur. Mais il avait parfaitement compris le message et ferma sagement boutique peu après.

LE PRINCIPE I EN PRATIQUE

S'il n'est pas conseillé de contenir sa colère, ou pire d'essayer d'atténuer ses effets, une certaine mesure n'est pas inutile afin de s'assurer qu'elle est bien dirigée contre la proie la plus intéressante.

Essayez, autant que possible, d'accumuler votre mauvaise humeur juste au-dessous de la surface afin de l'avoir toujours à portée de la main. Identifiez le talon d'Achille de votre adversaire puis concentrez-vous sur l'élément de désaccord qui pourra jouer, le moment venu, le rôle de détonateur. Cette technique permet de viser juste et de faire mouche systématiquement. N'hésitez pas, alors, à en faire trop et à vous faire entendre, cela servira d'avertissement à tous les petits scélérats qui n'auraient pas encore compris qui est le chef.

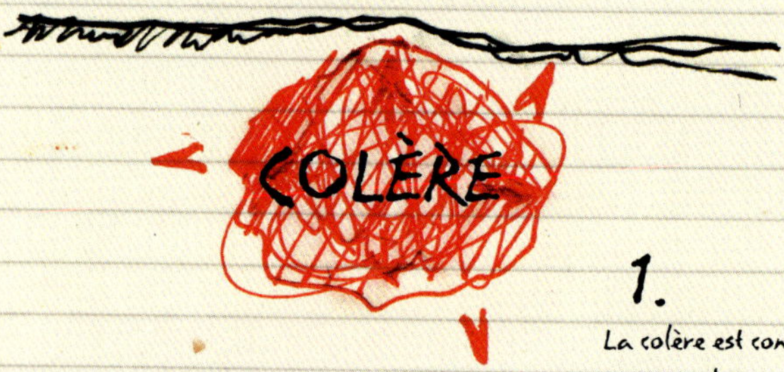

1.

La colère est contenue juste au-dessous de la surface

2.

Vous avez identifié la faiblesse de votre adversaire, vous pouvez viser.

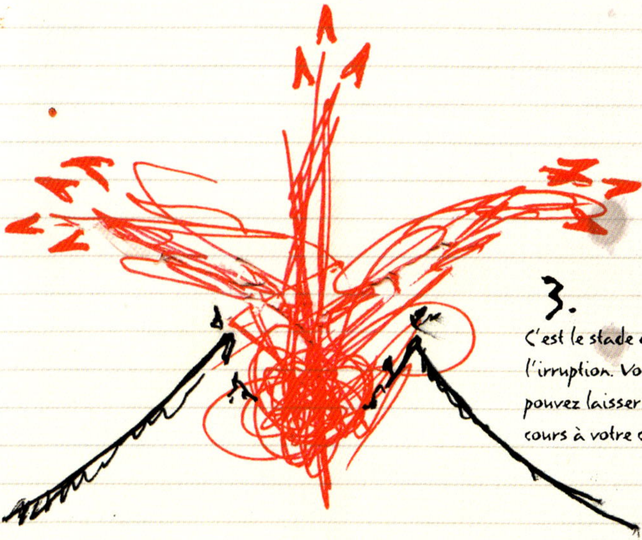

3.

C'est le stade de l'irruption. Vous pouvez laisser libre cours à votre colère.

Principe ii

Celui qui ne dégaine pas le premier est un homme mort

Nous avons vu que la colère peut être un outil précieux dans la gestion du personnel. Voyons maintenant comment l'exploiter de la manière la plus rentable possible. Ici comme ailleurs, le facteur temps est essentiel. Efforcez-vous d'avoir toujours un temps d'avance sur votre adversaire pour sortir votre artillerie avant qu'il n'ait eu le temps de comprendre ce qui lui arrive.

Si vous déversez votre bile sur autrui de manière spectaculaire avant qu'il ne puisse réagir, vous êtes doublement gagnant. Non seulement vous le neutralisez en lui coupant l'herbe sous le pied, mais vous découragez dans le même temps toute velléité d'opposition de la part d'autres rebelles potentiels.

Et n'oubliez pas la consigne : au moindre soupçon de désaccord, vous vous emportez.

**La peur n'enlève pas le danger,
la Colère si !**

ÉTUDE DE CAS : JOSEPH MCCARTHY

Même s'il n'a jamais compté parmi mes plus brillants élèves, je dois reconnaître que Joe McCarthy était un procureur exceptionnellement efficace, particulièrement doué pour les campagnes de calomnie. Tout citoyen vaguement suspect de désaccord avec sa politique était illico traduit devant la Commission de la Chambre sur les activités antiaméricaines plus connue sous le doux nom de « HUAC » pour menées communistes ou espionnage au profit de l'Union Soviétique.

Quelques femmes ont également suivi tous mes bons conseils. Margaret Thatcher, par exemple, a obtenu des résultats tout à fait remarquables. Il n'a fallu à la « dame de fer » qu'une seule entrevue avec moi, dans les années 70, pour se rendre compte que si elle n'éliminait pas la seule entité capable de l'empêcher de se maintenir durablement au pouvoir, à savoir les syndicats, elle ne ferait pas de vieux os au 10 Downing Street. Elle a donc tout essayé pour les affaiblir et même les balayer. Pari gagné !

MORALITÉ :

La meilleure défense, c'est l'attaque.

Et c'est tellement plus drôle !

LE PRINCIPE II EN PRATIQUE.

Le facteur de loin le plus important est l'effet de surprise qui permet de prendre l'adversaire au dépourvu. En lui coupant la chique d'emblée, vous prenez la main pour longtemps, et après avoir éliminé toute opposition, vous pouvez « dérouler ».

Pour illustrer cette tactique, on utilisera une étoile à cinq branches :

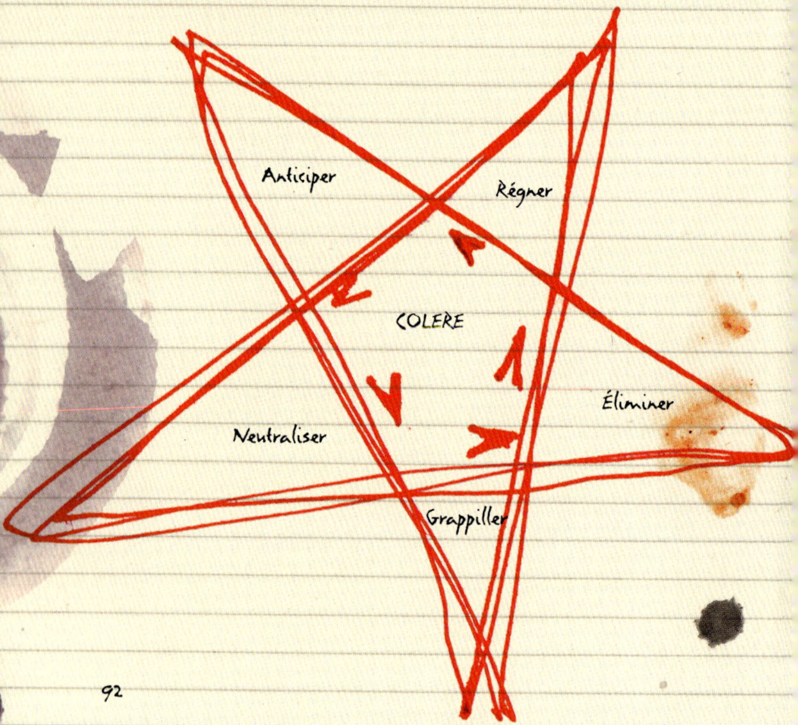

Anticiper

Soyez toujours à l'affût du moindre signe de concurrence ou de dissension et veillez à tuer ces velléités dans l'œuf avant qu'elles ne s'expriment. Écoutez les conseils de vos proches, mais n'oubliez jamais que la trahison peut venir de l'un d'eux.

Neutraliser

Agissez rapidement pour déjouer tout complot. Utilisez toutes les armes dont vous disposez. Discréditez, accusez à tort, faites du chantage et du contre-chantage.

Grappiller

Tentez de frapper comme l'éclair. Emparez-vous de tous les leviers et faites tomber les défenses de votre opposant. Emparez-vous de tout ce qui peut tomber dans votre escarcelle et incitez les alliés de vos ennemis à se rendre.

Eliminer

Alors que vous avez dépouillé vos concurrents de tous leurs moyens d'existence, il est temps d'effacer toutes les traces de l'opération (c'est également très facile). Leurs alliés n'ont plus qu'à disparaître eux aussi ou à se ranger à vos côtés.

Régner

Naturellement, après avoir éliminé toute opposition, vous pouvez vous reposer et exercer votre pouvoir en toute tranquillité. Maintenant que vous avez montré à tous de quel bois vous vous chauffez, vous avez des chances d'être débarrassé des contestataires pour un certain temps.

Principe iii

La vengeance est un plat qui se mange froid

Éviter tout revers est impossible. Moi-même, il m'est arrivé de ne pas voir les signes avant-coureurs d'une rébellion et de me retrouver avec des œufs pourris sur le sommet du crâne. Dans un tel cas, vous devez résister à la tentation d'entrer dans une colère noire. Ne réagissez jamais à chaud, de manière irréfléchie. Respirez à fond, vous aurez tout loisir, en temps voulu, de vous laisser aller à votre mauvaise humeur.

En rendant coup pour coup, sur le champ, à votre adversaire, vous vous sentirez sans doute mieux sur le moment, mais en affichant votre manque de maîtrise, vous tendez les verges pour vous faire battre.

Alors ne vous énervez pas, laissez la vapeur s'accumuler en établissant une atmosphère de sécurité factice pour mieux tromper l'adversaire. Et lorsque le moment sera venu d'exercer vos représailles, allez-y franco. N'attendez pas trop longtemps quand même, vous finiriez par passer pour un imbécile !

LE PRINCIPE III EN PRATIQUE

La vengeance est un plat qui demande une préparation minutieuse. Prenez le temps d'attiser votre colère, d'établir un calendrier, de définir des événements déclencheurs de vos représailles et de cibler la personne qui en fera les frais. Vous disposerez alors d'un plan de bataille cohérent et redoutablement efficace.

Principe IV

Vendanger les raisins de la colère

La colère, au juste, qu'est-ce que ça rapporte en dehors d'une légitime et délicieuse satisfaction personnelle ? Ma foi (foi, moi ? Jamais !), un certain nombre d'avantages appréciables. Tout d'abord, c'est une arme de dissuasion redoutablement efficace contre tous les malveillants qui pourraient croiser votre chemin. Mais au-delà, votre propension à la fureur aura beaucoup à voir avec la place que vous occupez dans la hiérarchie. Une solide réputation de querelleur facilitera votre promotion, quel que soit le type d'organisation, et elle vous donnera un avantage certain sur vos concurrents.

Dans toute hiérarchie, la seule place qui vaille vraiment, c'est bien sûr le sommet de la chaîne alimentaire qui vous met à l'abri de tout prédateur. Et pour y accéder, vous avez intérêt à bien faire connaître vos intentions.

Votre atout maître sera la peur. Et je sais par expérience (fort longue au demeurant) que pour conserver son pouvoir, il ne faut jamais relâcher la pression. Accablez de vos foudres vos collaborateurs (régulièrement, voire en permanence), et surtout, laissez-leur entendre que vous avez un « dossier » sur eux, même si ce n'est pas vrai.

Au fur et à mesure de votre ascension personnelle, cet exercice de la menace ne vous demandera plus aucun effort. Cela deviendra une sorte de seconde peau. Évitez cependant la routine, car vos effets se dissiperaient. Je le répète, l'effet de surprise est le meilleur gage d'efficacité, et, avantage supplémentaire, il rompt délicieusement la monotonie.

LE PRINCIPE IV EN PRATIQUE

Il est essentiel d'établir des hiérarchies (et de s'ancrer solidement à leur sommet), non seulement dans le domaine professionnel, mais aussi social et familial. Pour pouvoir fonctionner de manière harmonieuse, les groupes sociaux doivent être structurés de manière stricte et régis par une discipline et une politique d'intimidation implacables.

Le tableau ci-contre ne contient que quelques-unes des formes possibles de votre politique de la terreur, en fonction du contexte et de la victime choisie. Mais je pense que vous saurez compléter utilement cet inventaire tout au long de votre carrière pour ne jamais être à court d'arguments.

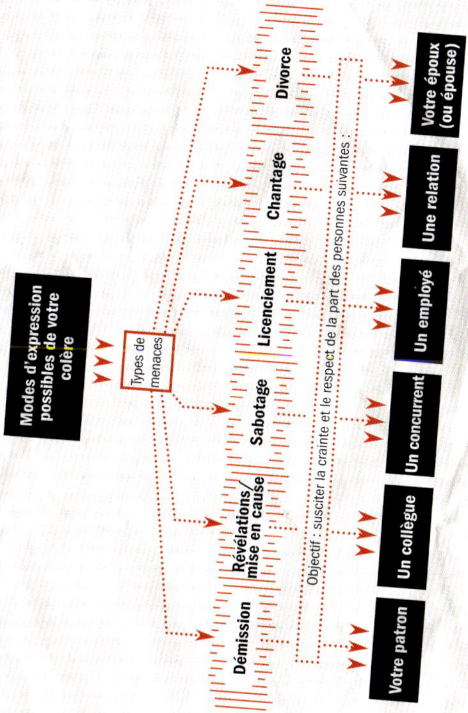
Modes d'expression possibles de votre colère
Types de menaces
Démission
Révélations/ mise en cause
Sabotage
Licenciement
Chantage
Divorce
Objectif : susciter la crainte et le respect de la part des personnes suivantes :
Votre patron
Un collègue
Un concurrent
Un employé
Une relation
Votre époux (ou épouse)

Principe v

Qu'ils récoltent la tempête !

La colère, en soi, ne suffit pas. Encore faut-il l'exprimer de manière suffisamment explicite. Vos ennemis et vos subalternes doivent savoir, et ne jamais oublier, de quel bois vous vous chauffez. Si vous n'enfoncez pas le clou une bonne fois pour toutes, vous serez condamné à d'incessants et épuisants rappels à l'ordre qui ne feront que saper un peu plus votre autorité. Vos démonstrations de mauvaise humeur doivent donc être mémorables. Infligez punitions, coups de sang, menaces, bizutages et autres chantages sans le moindre scrupule. Soyez toujours prêt à en remettre une couche et maintenez en permanence une épée de Damoclès au-dessus de leur tête. Ils viendront manger dans votre main. Je n'irai pas jusqu'à dire qu'ils vous en seront reconnaissants, mais ils sauront au moins qui est le maître.

MORALITÉ

Lorsque vous vous emportez, veillez à ce que chacun en prenne plein les oreilles.

ÉTUDE DE CAS : NIKITA KHROUCHTCHEV

À toutes les époques (je ne suis plus de la première jeunesse, hélas), des dictateurs ont su faire de la colère un instrument de pouvoir par excellence. Si vous manquez d'inspiration, prenez exemple sur eux en lisant leurs discours. Vous y trouverez peu de rhétorique, encore moins de contenu politique, mais des imprécations et des aboiements à la pelle qui leur ont permis de mettre des peuples entiers au garde-à-vous.

Parmi les orfèvres dans cet exercice, citons pêle-mêle Adolf Hitler, Augusto Pinochet, Saddam Hussein (qui, joignant le geste à la parole, n'hésitait pas à ponctuer ses discours de coups de feu) ou Joseph Staline. Mais le prix d'excellence revient indiscutablement au successeur de ce dernier, Nikita Khrouchtchev, célèbre pour avoir martelé son pupitre avec une de ses chaussures pendant un discours aux Nations-Unies. Joli morceau de bravoure !

LE PRINCIPE V EN PRATIQUE

Ne confondez pas colère et gymnastique. Même s'il faut reconnaître qu'il y a une certaine allégresse dans l'emportement, le but du jeu n'est pas de s'agiter dans tous les sens, d'abord parce que cela vous fatiguera. Il y a différents paliers très subtils dans la colère, chacun d'entre eux pouvant être exprimé par des moyens assez divers. En pratique, une réponse efficace et bien gérée doit toujours se situer un cran au-dessus du signal émis par votre opposant.

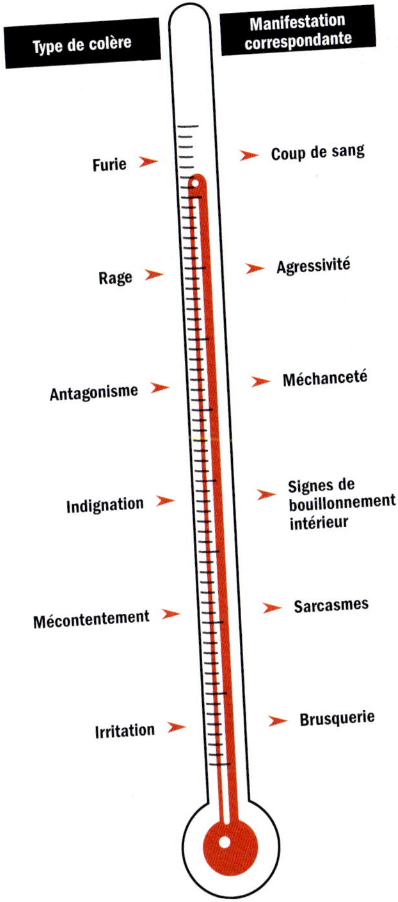
Type de colère
Manifestation correspondante
Furie
Coup de sang
Rage
Agressivité
Antagonisme
Méchanceté
Indignation
Signes de bouillonnement intérieur
Mécontentement
Sarcasmes
Irritation
Brusquerie

Principe vi

Garder en permanence un doigt sur la gâchette

Lorsque le sang commence à bouillir dans les veines, on perd facilement de vue ses objectifs. Se laisser aveugler par la colère, qui, dit-on est mauvaise conseillère, c'est risquer de perdre complètement les pédales et toute tentative pour vous calmer ne pourra que vous éloigner encore plus de votre but initial. Heureusement, la rage a souvent pour effet de tout effacer de notre esprit à l'exception de ce qui la motive.

Ce qui compte, vous l'avez compris, ce n'est pas de savoir si vous avez tort ou raison, mais avec quelle force vous assénez vos arguments (Le Vatican, combien de divisions ? disait Staline). Qu'importent les idées pour qui sait déchaîner de saintes (hum...) colères pour imposer une saine politique du fait accompli.

En négociation, soyez intraitable. Allez au bras de fer, mais n'oubliez pas de tout mettre en œuvre pour être sûr de le gagner. Il n'y aura pas de match nul et tous les coups sont permis.

ÉTUDE DE CAS : LA GUERRE D'IRAK

Deux de mes bons élèves m'ont vraiment mis dans l'embarras au début du millénaire lorsqu'ils ont décidé de se provoquer en duel pour voir lequel des deux était le plus impitoyable. À l'époque, j'aurais misé gros sur « Satan » Hussein, mais à la surprise de tous les pronostiqueurs, c'est quand même W qui a eu le dessus. Ce n'était certes pas une lumière, mais il pouvait compter sur un allié de poids, Tony Blair pour le stimuler. Saddam Hussein avait des arguments conséquents à faire valoir, mais Bush a craché une telle dose de saint et biblique venin qu'il a réussi à le moucher. Malgré l'absence totale de preuves de l'existence des fameuses « armes de destruction massive » ou de liens entre Saddam et Al Qaïda, nos deux acolytes sont entrés en Irak armés jusqu'aux dents et ils ont gagné la guerre tout en lançant des signaux sans équivoque à l'Iran et à la Corée du Nord. Saddam Hussein a eu beaucoup de mal à s'en remettre. Échec et mat.

MORALITÉ

La guerre n'est pas affaire de vérité ou de mensonge. C'est toujours le plus teigneux qui gagne.

LE PRINCIPE VI EN PRATIQUE

Lorsque vous menez une guerre, votre animosité doit toujours être dirigée contre des cibles précises. Ayez en permanence le souci de l'efficacité. Vous êtes là pour une seule chose, gagner, pas pour prouver quoi que ce soit à qui que ce soit. Identifiez précisément le centre névralgique de votre opposition, et attaquez-la de front. Concentrez toute votre énergie là-dessus, puis jetez un œil à votre cible en visant le cœur, et ne vous détournez de cet objectif sous aucun prétexte tant que vous n'avez pas remporté la victoire finale.

Voilà le genre de cible que vous faisiez avant d'écouter mes bons conseils.

Maintenant que vous savez gérer votre colère, c'est beaucoup mieux.

Récapitulatif des six principes de base de la colère

i Éliminer toute forme d'opposition

ii Avoir toujours un coup d'avance

iii Savoir attendre son heure (rira bien qui rira le dernier)

iv Ne pas se laisser marcher sur les pieds

v Appuyer là où ça fait mal

vi Combien de divisions ?

CHAPITRE V

L'ENVIE

Pour essayer de détourner les gens des ouvrages fort utiles dans le genre de celui que vous tenez entre vos mains, un petit malin nommé Shakespeare a cru bon de comparer la jalousie à « un monstre aux yeux verts ». Ce n'est là que pure calomnie, même si je dois admettre que Léviathan, le démon que j'ai désigné comme gardien de l'Envie possède deux magnifiques yeux d'émeraude injectés de sang.

Mais ne nous égarons pas. Comme la Luxure, l'Envie est une énergie vitale essentielle qui vous permettra de faire de grandes choses si vous savez la manipuler avec dextérité. Et c'est une arme à double tranchant, car au gré de vos succès, vous serez aussi amené à jouer de l'envie des autres, à votre profit bien sûr. Vous disposerez ainsi d'un levier particulièrement efficace pour imposer votre volonté.

L'Envie est un puissant stimulant qui vous aidera à rattraper, puis à dépasser vos concurrents. Et au bout du compte elle vous poussera irrésistiblement à tout faire pour les éliminer. Lorsqu'elle prend le masque de la jalousie, l'Envie intègre un élément de vengeance qui vous fera faire d'une pierre deux coups. Vous n'aurez plus seulement envie de faire mieux que vos rivaux, mais vous vous convaincrez que le mieux est encore de vous approprier leurs biens, et vous aurez entièrement raison.

« Ce qui est à autrui m'appartient »

Principe 1

Le bonheur est dans le pré… du voisin

A priori, l'Envie est une chose facile à identifier et à exploiter. Tout simplement, l'herbe est souvent plus verte dans le pré du voisin. Les choses sont pourtant un peu plus complexes, et intéressantes. Si vous ouvrez vraiment les yeux, vous vous rendrez compte qu'il y a, un peu partout, beaucoup plus à prendre que vous ne le pensiez. Et que ce butin peut être infiniment plus précieux que ce que vous n'avez jamais osé imaginer.

Écoutez cette histoire : un type à bicyclette croise un de ses amis qui conduit une petite berline. Se sentant ridicule sur son petit vélo, il en veut une lui aussi. Grave erreur ! S'il avait réfléchi 5 minutes, il se serait logiquement demandé ce à quoi son ami pouvait bien rêver, de son côté. En regardant ce qui circule sur les routes, son choix se serait porté sur une magnifique limousine avec chauffeur.

Moralité, ne restez jamais « la tête dans le guidon ». Levez le nez et visez haut. Et lorsque vous l'aurez, votre belle limousine, il sera temps de voir encore plus grand. Le jet privé d'un homme d'affaires, voilà ce qu'il vous faut. Toujours plus !

AU NOM DE DIEU : AMÈNE ! (CHÈQUES, CARTE BLEUE, VIREMENTS BANCAIRES ACCEPTÉS).

MORALITÉ :

Une idée qui marche, il faut la « piquer ». Si vous ne pouvez pas, contentez-vous de... l'emprunter.

ÉTUDE DE CAS : LES TÉLÉVANGELISTES

On peut dire que ce pipelet impénitent de Billy Graham (qui m'a bien laissé tomber au passage) a fait des émules. Du jour au lendemain, mon service juridique a été littéralement envahi par les sollicitations d'aventuriers de tous poils, jaloux de la célébrité et du compte en banque du célèbre télévangéliste, et impatients de voir s'entasser sur leur propre bureau les milliers de chèques envoyés par les gogos. Nous étions au tout début de l'ère des nouvelles technologies, et il faut dire que ces drôles de paroissiens n'ont pas mis longtemps à comprendre comment elles fonctionnaient. J'entends encore leurs glapissements, promettant la vengeance divine à tous ceux qui ne dégainaient pas assez rapidement leur chéquier et leur stylo bille. Certains ont tout de même pris un peu trop à la lettre la vieille formule biblique « tu aimeras ton prochain », comme mes vieux complices Jimmy Swaggart et Jim Bakker qui nous ont, un jour, gratifié d'un duo du plus haut comique où ils s'accusaient mutuellement de fornication. On a su plus tard qu'ils avaient raison tous les deux. C'est très vilain !

LE PRINCIPE I EN PRATIQUE

Ce modèle très simple et purement financier peut être pris comme exemple par tous ceux qui veulent faire carrière en exploitant leur Envie, quel que soit leur domaine d'activité.

Au départ, un revenu insuffisant, voir déficitaire crée des besoins qui se trouvent renforcés par la Cupidité. Plutôt que de les satisfaire au petit bonheur, l'homme ambitieux et avisé aura soin d'examiner la situation pour voir s'il n'existe pas une solution à la mesure de son Envie afin de disposer de moyens d'appropriation adéquats.

En d'autres termes, lorsque vous êtes aux abois, prenez le temps de regarder autour de vous pour voir si vous ne pouvez pas envisager quelque opération juteuse qui vous fournira les moyens de votre ascension.

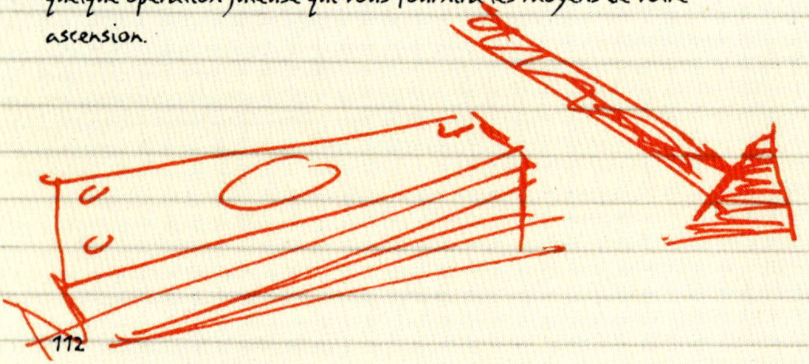

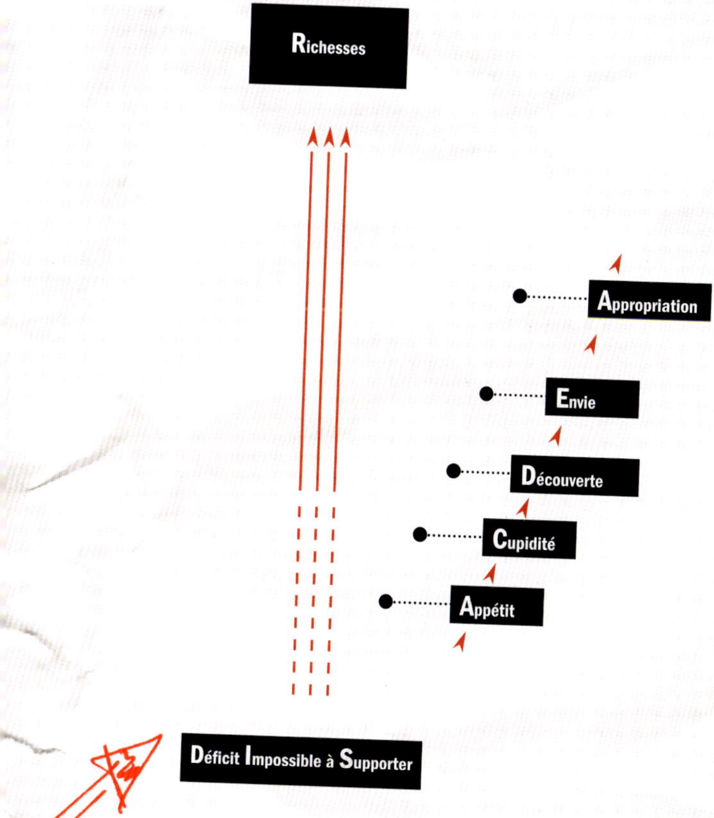
Richesses
Appropriation
Envie
Découverte
Cupidité
Appétit
Déficit Impossible à Supporter

Principe ii

Savoir prélever sa dîme

Quand on voit à côté de quoi on passe, cela donne à réfléchir. Il y a forcément un moyen de remédier à ce genre de problème. Comme il n'est pas toujours possible de « récupérer » ou, disons le mot, « voler » ce qui nous intéresse, il faut trouver un moyen, tel le renard, de pénétrer dans le poulailler pour pouvoir se servir tranquillement de l'intérieur.

Dans certains cas, il peut être intéressant de se mettre au service de quelqu'un (de préférence à la commission), ou, mieux encore, de le convaincre de vous laisser monter vos propres arnaques en utilisant son argent. Et l'escroquerie est un art plus florissant que jamais car la mondialisation est un immense terrain de jeu, largement inexploité, pour les trafics en tous genres. Enfumez vos investisseurs (pendant que vos acolytes leur font les poches) avec un baratin du diable (comme de bien entendu...) pour leur vendre un nouveau modèle économique (Ça marche à tous les coups). Si vous êtes amateur de vieilles ficelles, trafiquez tout simplement les comptes ou prêtez à des taux plus que léonins et appelez cela « comptabilité créative » ou « sub-prime ». Si la formule est assez ronflante, cela passera comme une lettre à la Poste. Pour tirer profit d'un marché en recul, pratiquez ce qu'on appelle la « vente à découvert ». C'est très simple, il suffit d'emprunter des titres, de les vendre et d'attendre que leur prix ait suffisamment baissé pour pouvoir les racheter en faisant une plus-value. Si tout se passe bien, personne n'y verra que du feu.

ÉTUDE DE CAS : LA HAUTE FINANCE

Certains de mes anciens élèves font parfois des carrières fulgurantes en appliquant mes enseignements à une échelle encore jamais envisagée. Ce fut le cas d'Alan Greenspan, Président de la Réserve Fédérale américaine de 1987 à 2006. Partisan résolu d'une dérégulation tous azimuts au nom du libéralisme économique, son système a enfanté toutes sortes de merveilleux dysfonctionnements. Très habilement (mais il n'a aucun mérite, c'est moi qui le lui ai soufflé), il a su se retirer des voitures pour jouir d'une petite retraite pépère juste avant le grand carambolage de l'automne 2008. Lorsque les banques ont bu la tasse, son très libéral successeur à la Réserve Fédérale, Ben Bernanke a réussi, en compagnie du Secrétaire au Trésor, « Hank » Paulson (deux des éléments dont je suis le plus fier) à « pomper » plus de 700 milliards de dollars dans les caisses de l'État. Cette admirable opération est à l'origine de la fameuse formule : « Les banques privatisent les profits et mutualisent les pertes » aux dépens des contribuables. Un vrai coup de maître !

MORALITÉ

Ne jouez à la roulette qu'avec l'argent des autres, et après avoir soigneusement assuré vos arrières.

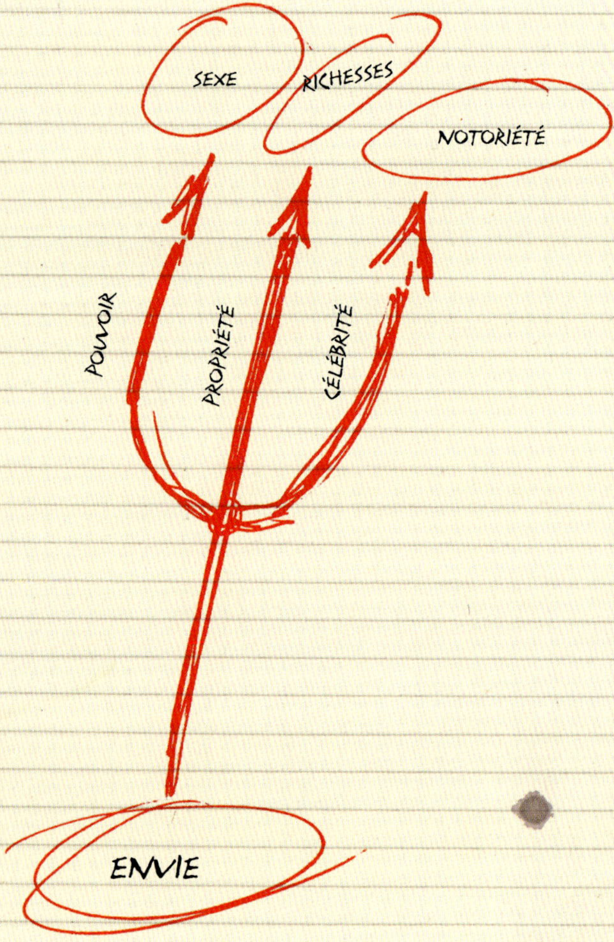

SEXE
RICHESSES
NOTORIÉTÉ
POUVOIR
PROPRIÉTÉ
CÉLÉBRITÉ
ENVIE

LE PRINCIPE II EN PRATIQUE

L'Envie s'apparente beaucoup à la Luxure et, nous allons le voir dans les pages qui suivent, a beaucoup de propriétés en commun avec elle. Elles s'attachent toutes les deux aux mêmes objets : richesse et propriété, sexe et pouvoir, notoriété et célébrité.

De fil en aiguille, notre principale motivation ici, à savoir l'Envie, peut jaillir de toute une série d'« objets du désir » et s'articule invariablement autour d'une stratégie tripartite visant des objectifs multiples.

Ce n'est pas parce que votre Envie s'exprime à trois niveaux différents qu'elle court le risque de se dissiper. Au contraire, car ces trois niveaux sont convergents. Tout le problème consiste à trouver les munitions nécessaires pour atteindre ces objectifs. En mettant, tel un vulgaire représentant de commerce, le pied dans la porte de celui dont vous convoitez les biens, vous vous donnerez les moyens de vous approprier une partie de son pouvoir, de sa propriété et de sa célébrité. En réinvestissant intelligemment ces biens, vous augmenterez votre capacité d'appropriation et vous pourrez enfin vous procurer le sexe, la richesse et la notoriété que vous désirez tant.

PRINCIPE III : TAPER DANS LE MILLE

Vos aspirations ne doivent pas être générales et abstraites, mais ciblées et spécifiques. Soyez obsédé par les personnes que vous enviez. Richesse, célébrité et pouvoir, sont de doux rêves à la portée de tous les amateurs. Vous, ce que vous voulez, c'est du concret, c'est avoir la même chose que le voisin. Ça n'a rien à voir.

En mettant un cadre à votre convoitise, vous pourrez visualiser beaucoup plus facilement vos objectifs. De même, vous identifierez d'autant mieux les armes à utiliser (Cupidité, Luxure, Paresse ou Colère, par exemple) et vous comprendrez par quels processus la personne enviée est parvenue à ses fins. L'élève n'aura plus, ensuite, qu'à rattraper puis à dépasser le maître. Ce petit exploit ne fera que rajouter au plaisir déjà immense de l'appropriation.

LE PRINCIPE III EN PRATIQUE

Vous vous sentirez peut-être tiraillé en tous sens par votre Envie. Ne vous inquiétez pas. Il est normal d'avoir de l'appétit pour plusieurs choses en même temps, et chacune de ces envies ne fera que fortifier les autres. Si vous êtes jaloux de la richesse du voisin, vous envierez bientôt également son pouvoir et sa notoriété. Cela ne fera que décupler votre motivation et la force de votre engagement. Alors ne jouez pas petits bras. Laissez votre désir s'exprimer dans toutes les directions.

Profils-types de personnages susceptibles de susciter votre concupiscence

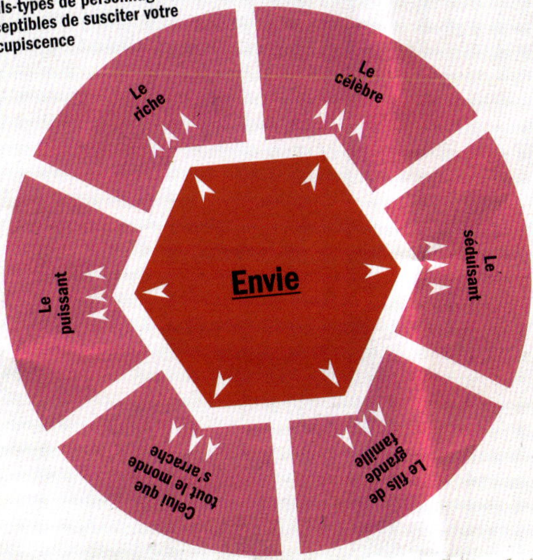

Principe iv

Le gène égoïste

Ils y ont mis le temps, mais les scientifiques ont fini par se rendre à l'évidence. J'avais pourtant mis Darwin sur la voie en lui parlant de la « survie du plus fort » (et non pas du plus apte, ça n'a rien à voir !), mais je me demande s'il n'était pas un peu dur d'oreille. Il a tout de même fallu attendre le 20ème siècle pour qu'un généticien découvre que le progrès découle naturellement de l'égoïsme. Il était temps !

L'essentiel c'est qu'on ait enfin prouvé ce que j'ai toujours su et affirmé : la puissance se nourrit essentiellement de l'égoïsme. Pour pouvoir avancer, il faut savoir ce que l'on veut, et nous avons vu le rôle important de l'Envie dans cette affaire. Mais pour se maintenir en pôle position, il faut savoir conserver son dû. Et c'est une autre paire de manches.

Reconnaître la suprématie de l'Envie, c'est admettre une vérité universelle, à savoir que l'individualisme est la racine principale de la réussite. Si c'est l'Envie qui déchaîne les forces de la Cupidité et de la Luxure, le doigt qui appuie sur la gâchette, c'est toujours l'égoïsme.

L'égoïsme est la clé de voûte de tout ce qui est décrit dans ce livre, un concept à ce point central et évident que beaucoup finalement le négligent. Il est pourtant facile à mémoriser puisqu'il peut être résumé en 4 lettres : TPMG (Tout pour ma gueule). Alors prenez et goinfrez-vous-en tous.

Dans le champ des affaires, l'objectif ultime est le rachat perpétuel des concurrents jusqu'à l'idéal de la zéro concurrence : le monopole. Mais l'égoïsme est une valeur universelle qui s'applique dans tous les domaines de l'existence. Encore une jolie petite formule pour finir ? Ce que tu convoites, tu prendras ; ce qu'autrui convoite, tu couveras jalousement.

PAS
TOUCHE !

LE PRINCIPE IV EN PRATIQUE

Un ambitieux averti profitera de sa réussite pour faire boire la tasse à ses concurrents. C'est une loi fondamentale de la nature humaine qui est inscrite dans nos gènes (voir schéma ci-contre). Votre ascension sociale est associée mécaniquement à la chute de vos adversaires. Et puis, ne soyez pas hypocrite : quel plaisir de les voir tomber !

Analyse des forces contradictoires qui s'exercent au sein de la double-hélice de l'ADN humain.

Votre ascension induit, chez vos adversaires, une spirale descendante.

À son tour, leur chute alimente votre progression.

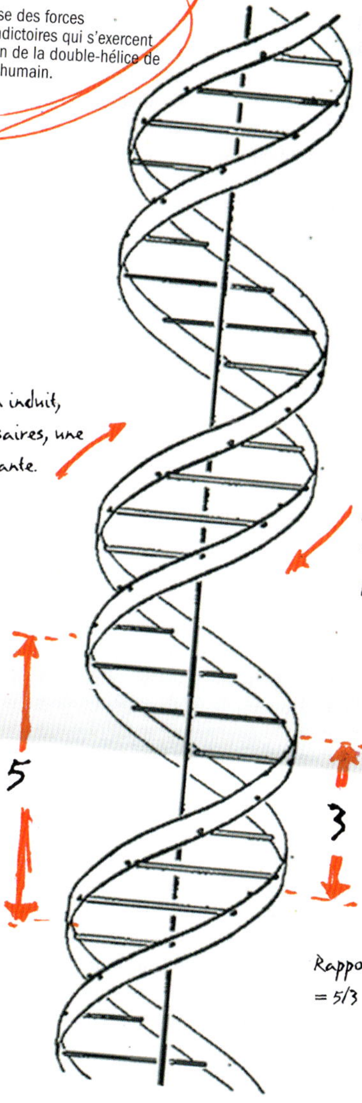

Rapport succès/échec = 5/3

Principe v

On ne donne pas de beurre aux cochons

L'envie est un excellent moyen d'apprendre à connaître autrui. Après vous être rendu compte que vous méritez telle ou telle chose au moins autant que le voisin, vous ne tarderez pas à vous dire que finalement, vous serez aussi mieux que lui capable de l'apprécier. Raison de plus pour essayer de la lui ravir !

Cela vous donne sinon la légitimité morale (et il n'y a vraiment que les imbéciles pour se soucier de « légitimité morale »), du moins un droit de propriété inhérent sur ses biens au nom de votre supériorité naturelle. Il ne sera sans doute pas d'accord et fera tout pour récupérer sa propriété. S'ensuivra un jeu pervers où la surenchère tournera à l'avantage de chacun.

MORALITÉ

L'envie est le principal ressort de l'inventivité. Comme d'habitude, veillez à avoir toujours un coup d'avance

ÉTUDE DE CAS : LA COURSE AUX ARMEMENTS

La course aux armements a pris naissance avec l'invention de la première arme (une grosse pierre lancée contre un colocataire de grotte. Je suis forcément au courant, c'est déjà moi qui animais les débats) et a connu son âge d'or avec le système dit de destruction mutuelle assurée (DMA) de l'ère nucléaire pendant la guerre froide. Les règles du jeu sont la simplicité même : le joueur A menace le joueur B. B lui oppose alors une arme plus puissante, chacun misant sur l'Envie de l'autre et faisant ainsi monter les enchères. On peut corser encore ce schéma en suscitant des conflits régionaux mineurs à la limite de l'ère de jeu afin de justifier des augmentations régulières du budget de la défense. Chaque augmentation de la force de frappe de l'adversaire est un prétexte à l'augmentation de la sienne propre, et ainsi de suite. Tout le monde est content, surtout les marchands d'armes...

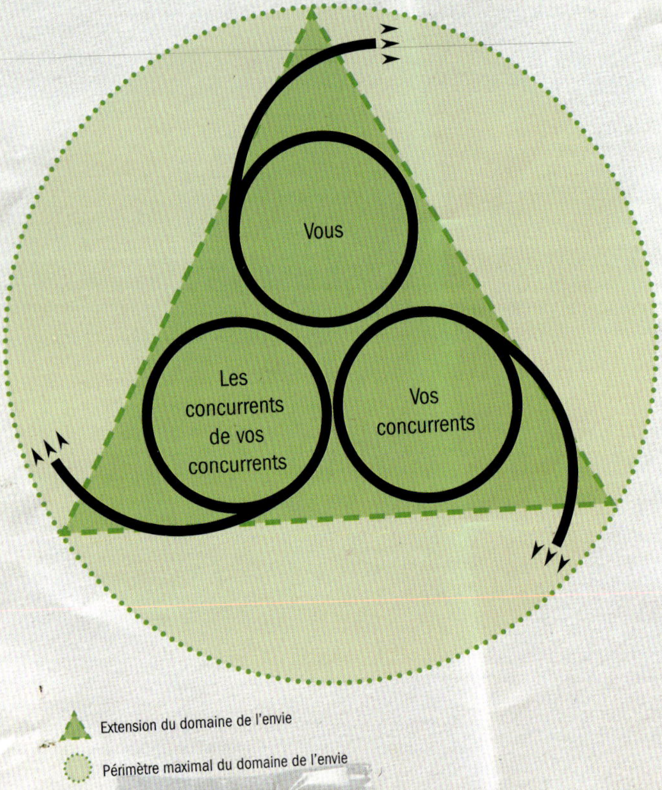
Vous
Les concurrents de vos concurrents
Vos concurrents
Extension du domaine de l'envie
Périmètre maximal du domaine de l'envie

LE PRINCIPE V EN PRATIQUE

L'inflation de votre envie et de votre convoitise repousse toujours plus loin les limites de l'appropriation. Il en va de même pour vos concurrents et pour les concurrents de vos concurrents selon un principe de surenchère permanente. Il en résulte un mouvement perpétuel de croissance du couple production/consommation.

En termes économiques, c'est ce principe qui garantit la pérennité de la croissance, objectif permanent de toutes les politiques. L'envie est l'aiguillon qui pousse tout un chacun à créer toujours plus de richesses. De temps en temps, quelques perdants sont forcés de descendre du train en marche, mais ne vous laissez pas attendrir par leurs jérémiades et leurs belles théories sur le développement durable, la croissance zéro, le partage équitable des richesses et autres balivernes du même tonneau. Le monde réel est une jungle, et la loi de la jungle, c'est « chacun pour sa peau ».

Principe vi

Euh... finalement, je prendrai l'usine

L'envie est comme une démangeaison. Le plaisir n'est pas dans l'envie en soi, mais dans le fait de la satisfaire en acquérant, voire en s'appropriant de force les biens d'autrui. Acquérir plus de richesse que la personne jalousée est un bonheur immense, mais le faire à ses dépens, en la lui arrachant des mains, c'est une véritable bénédiction.

Je distingue trois niveaux de satisfaction de l'envie :

Le produit d'un concurrent se vend mieux ? Osez la contrefaçon !

Quelqu'un a eu une idée de génie ? Une seule solution : le plagiat !

Une entreprise est en train de vous prendre toutes vos parts de marché ? N'hésitez pas. Rachetez-la !

MORALITÉ

le choix est simple : imiter ou voler. Notez que la deuxième solution est beaucoup plus avantageuse puisqu'elle supprime la concurrence.

ÉTUDE DE CAS : VICTOR KIAM

Vendeur de génie, Victor Kiam a bâti sa fortune à partir des idées des autres et est devenu célèbre en expliquant comment il s'y était pris dans une série de publicités télévisées dans les années 80. Selon la légende, sa femme lui aurait offert un rasoir électrique Remington qui lui a tellement plu qu'il aurait décidé aussitôt de racheter l'entreprise qui le fabriquait. Mais son coup de génie (devinez qui le lui a soufflé à l'oreille !) fut d'utiliser cette histoire comme argument publicitaire. Kiam semble avoir été un grand amateur d'appareils électroménagers si l'on en juge par le nombre d'entreprises qu'il racheta par la suite. Certains bâtissent des empires industriels comme d'autres remplissent leur chariot de supermarché.

MORALITÉ

Qui satisfait son Envie ne tarde pas à la provoquer chez les autres.

LE PRINCIPE VI EN PRATIQUE

L'Envie irradie à partir de ce que nous appellerons la Zone d'intérêt qui ne cesse de s'agrandir à la recherche de nouvelles cibles. Circonscrite à l'intérieur de cette Zone d'intérêt, se trouve la Zone d'influence qui contient les cibles déjà atteintes. Lorsqu'une nouvelle cible à atteindre est sélectionnée selon la règle de l'Envie, la Zone d'intérêt se déplace à sa rencontre afin de tenter de la faire pénétrer dans la Zone d'influence.

Concrètement, toute appropriation passe par les quatre étapes suivantes :

- La Zone d'intérêt doit toujours être plus grande que la Zone d'influence et rechercher en permanence des cibles potentielles.
- Lorsqu'une cible digne d'appropriation se présente, votre envie doit vous permettre d'augmenter la surface de votre Zone d'intérêt.
- Cette cible doit devenir votre objectif principal et vous devez échafauder un plan d'appropriation.
- Lorsque votre heure est venue, procédez à l'appropriation de la cible. L'opération a un double avantage : 1. votre envie est satisfaite, et 2.vous éliminez un concurrent.

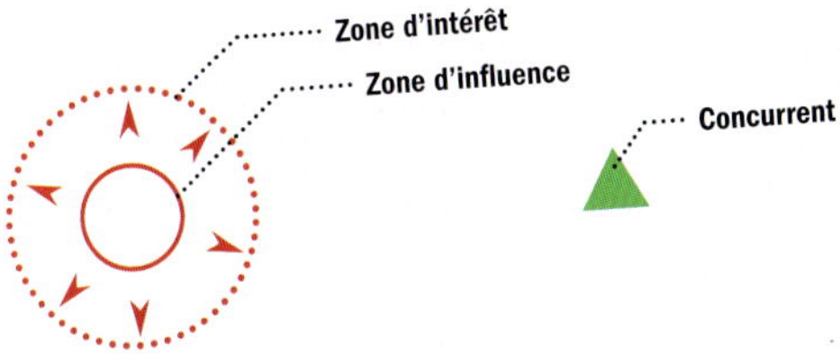

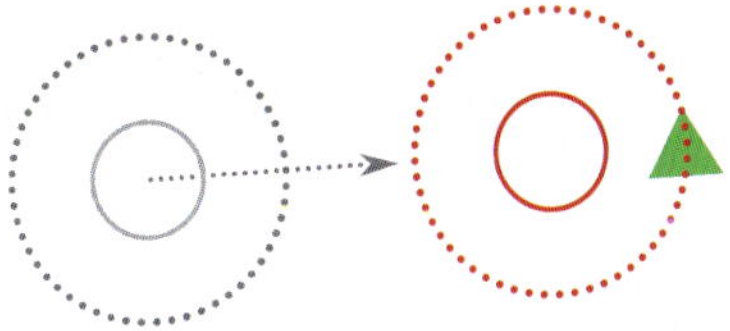

Première étape : recherche
Intérêt partiel, aucune influence

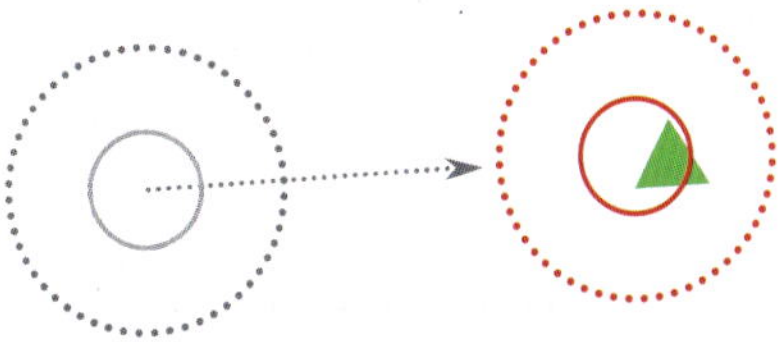

Deuxième étape : investissement
Implication totale, influence partielle

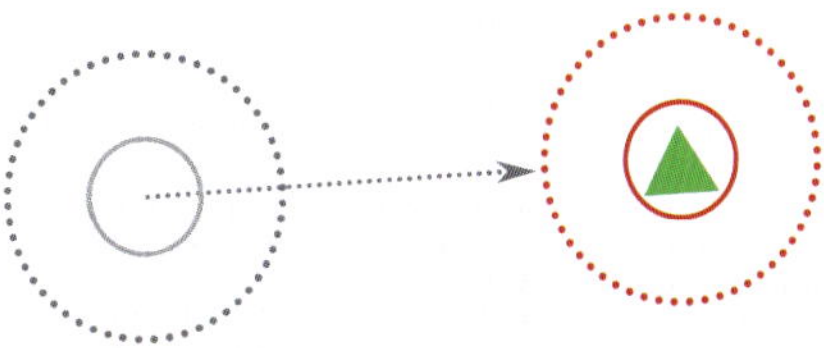

Dernière étape : appropriation
Influence totale, appropriation totale

RÉSUMÉ DU CHAPITRE V

Récapitulatif des six Principes de base de l'Envie

i L'herbe est toujours plus verte dans le pré du voisin

ii Le beurre, l'argent du beurre et… plus si affinités

iii Peaufiner son plan de bataille

iv TPMG

v Être toujours le premier dans la surenchère

vi Vive le client roi (quand c'est vous qui achetez, bien entendu !)

CHAPITRE VI

L'ORGUEIL

Orgueil et Envie sont deux valeurs complémentaires. La première suit partout la deuxième comme son ombre. Si l'Envie est le moteur principal de votre stratégie d'appropriation, l'Orgueil est le porte-voix qui vous permet de faire connaître au monde votre réussite. Mais ce n'est pas tout. L'Orgueil vous aide aussi à mieux veiller sur le capital que vous avez accumulé pour vous assurer de ne jamais le perdre.

Tels des artisans devant leur chef-d'œuvre, nous devrions tous être fiers de nos réalisations, ne serait-ce que pour retourner le couteau dans la plaie de ceux que nous avons dépouillés sur le chemin du succès. Nous allons le voir, il existe de nombreuses formes d'Orgueil qui peuvent entrer dans des stratégies très diverses (je fais confiance au bien nommé Lucifer, resplendissant d'amour propre pour nous éclairer sur toutes ces questions). Avant tout, l'Orgueil est l'arme suprême des élèves qui ont eu la volonté de mettre en pratique tous les préceptes que j'ai rassemblés dans ce livre. Ils n'auront pas à le regretter.

« Si vous avez les moyens, n'hésitez pas à leur en mettre plein la vue »

Principe i

L'Orgueil des grands prédateurs, ou comment avoir toujours la part du lion et la garder

Si vous suivez à la lettre tous mes conseils depuis le début de ce livre, vous devez maintenant faire partie de la caste des puissants, des riches et des gens célèbres. Mais l'heure n'a pas encore sonné de prendre un repos bien mérité alors qu'il ne vous reste que quelques tous petits efforts à faire pour asseoir définitivement votre suprématie. Avouez qu'il serait dommage de vous arrêter en si bon chemin.

Il est maintenant temps de claironner partout que vous êtes le plus puissant, le plus brillant et le plus riche (même si vous prenez quelques petites libertés avec la vérité). En assénant en permanence ce message de triomphe, vous renforcerez chaque jour un peu plus votre position. Rien ne pourra plus vous arriver.

MORALITÉ

En faisant connaître vos succès, vous irez au devant d'autres succès ; en jouant la carte de la célébrité vous deviendrez encore plus célèbre ; et en expliquant aux autres comment s'enrichir rapidement, vous vous enrichirez rapidement.

ÉTUDE DE CAS : LES GRANDS GOUROUS DU DÉVELOPPEMENT PERSONNEL

Vous souvenez-vous de Charles Atlas, alias Monsieur Muscles qui affirmait : « Vous aussi, vous pouvez avoir un corps comme le mien » ? Voilà quelqu'un qui, en faisant étalage de ce dont il était le plus fier au monde (son physique de culturiste) a su flatter le désir de puissance et de célébrité d'un nombre incroyable de personnes et se tailler une renommée (et une fortune) phénoménale. Le muscle n'est plus à la mode aujourd'hui, mais d'autres aspirations, moins machistes, comme la réussite professionnelle ou le succès dans la vie, ne demandent qu'à être exploitées et rentabilisées.

On ne compte plus, à notre époque, les livres et cours de développement personnel, et les gourous de la trempe de Charles Atlas ne manquent pas. Leur message est toujours le même :« Vous aussi, vous pouvez réussir comme j'ai réussi ». Aucun d'eux n'a inventé la poudre. Ils se sont tous contentés de se faire une place au soleil en expliquant aux gens comment ils se sont fait une place au soleil. Plus il y a de gogos qui marchent dans leur combine, plus ils sont puissants et respectés. Plus ils sont puissants et respectés, plus ils ont de choses à raconter aux gogos qui veulent faire comme eux, et plus leur Orgueil leur rapporte.

LE PRINCIPE I EN PRATIQUE

Votre efficacité dépend du regard que vous portez sur la situation et de la manière dont vous l'abordez. Plusieurs lectures des faits sont possibles. La vôtre doit être optimiste si vous voulez obtenir les meilleurs résultats.

Prenons un exemple qui peut sembler simple et sans ambiguïté : l'indentification du chiffre 6. Si votre perception est inversée, vous aurez, non plus un 6 mais un 9, ce qui change tout et peut avoir, selon le contexte, des conséquences désastreuses.

Pour approfondir la question, faisons tourner ce symbole sur son axe en retenant 3 positions comme le montre le schéma ci-contre. Que constate-t-on ? Que les différentes interprétations qui en découlent ont des fortunes fort diverses.

Comment optimiser la position d'un paramètre d'entrée/sortie numérique

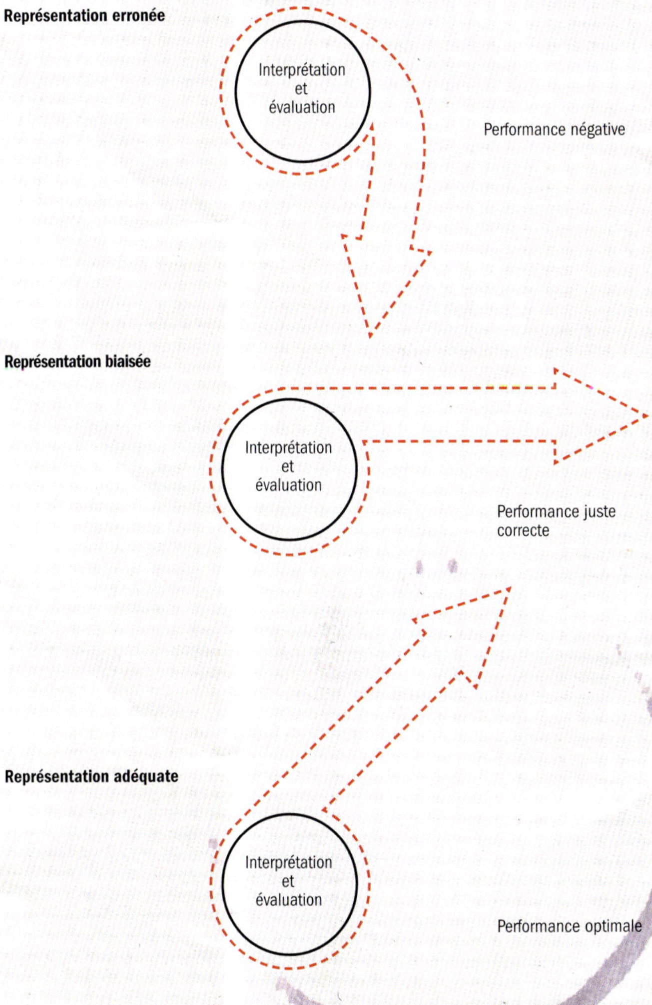

Principe ii

Orgueil et préjugés valent mieux que pitié et sensiblerie

L'Envie, ce petit démon qui reluque tout ce que les autres possèdent et que vous n'avez pas est le moteur de votre ascension. L'Orgueil, c'est l'autre côté de la pièce. Un sentiment par lequel vous vous assurerez que ceux qui, à leur tour, lorgnent du côté de vos richesses avec un peu trop d'insistance ne pourront jamais parvenir à leurs fins. C'est également l'Orgueil qui vous donnera les moyens de mépriser ces inférieurs et de les manipuler avec le plus grand cynisme.

Une certaine sagesse voudrait que l'on traite avec un minimum de respect les gens que l'on croise lorsqu'on monte, juste au cas où on serait appelé un jour à les croiser à nouveau, mais en sens inverse cette fois ! Personnellement, j'ai toujours balayé cette idée avec le mépris qu'elle mérite. Croyez-moi, traitez toujours vos rivaux (et vos clients) avec le plus grand dédain. Ils le méritent eux aussi. Habituez-vous à leur marcher sur le ventre et ils finiront par vous servir de marchepied. Et a-t-on jamais vu un tel objet mordre le pied qui lui est monté dessus ?

LE PRINCIPE II EN PRATIQUE

Tel un alpiniste, veillez à assurer chacun de vos pas pendant votre montée vers les sommets pour que rien ne puisse vous déstabiliser. Au début, l'Envie sera votre argument principal, mais passée une certaine altitude, c'est l'Orgueil qui prendra le relais. Plein de fierté devant le chemin que vous avez parcouru vous ferez étalage de votre puissance et cette démonstration de force sera votre meilleur instrument de dissuasion face aux envieux qui vous entourent. Une fois au faîte de la montagne, l'Orgueil deviendra un principe de gouvernement permanent, une arme dont la puissance devra toujours dépasser celle de leur Envie si vous souhaitez asseoir durablement votre suprématie. Vous aurez ainsi établi une hiérarchie inébranlable et chacun saura où est sa place.

Principe iii

Orgueilleux et fier de l'être

Je consacre le plus clair du temps que je passe avec mes clients à tenter d'effacer de leur esprit les mensonges éhontés que leur ont fait croire toutes sortes de bien-pensants, comme les vertus du travail, de la tolérance ou de l'abstinence. Le plus grotesque de ces sophismes est encore la modestie, mais il est vrai que lorsqu'on est incapable de faire ses preuves, il y a vraiment de quoi être modeste.

La modestie, et même la fausse modestie, annonce toujours le pire. La vérité, c'est qu'il ne faut jamais cesser de chanter ses propres louanges sur tous les toits. Plus ils les entendront, plus ils auront de chances de les croire et mieux cela vaudra pour vous. Même vos échecs pourront vous servir. Expliquez-leur quelles épreuves épouvantables vous avez traversées, et avec quelle abnégation vous avez fini par vous sortir des pires situations. L'essentiel avec la publicité, c'est de ne jamais cesser d'enfoncer le clou. Si vous relâchez votre effort, quelqu'un d'autre viendra immédiatement vous voler la vedette.

C'est à l'Orgueil qu'il revient d'imprimer à cette véritable « roue de la fortune » son mouvement perpétuel.

LE PRINCIPE III EN PRATIQUE

Soyons sérieux : l'Orgueil n'est pas un péché capital, mais un outil essentiel dans tout ce que vous entreprenez. Quelle que soit la qualité de vos produits et services et l'intelligence avec laquelle vous en assurez la promotion, vous ne pourrez vous passer de quelque pot-de-vin ici ou là pour mettre un peu d'huile dans les rouages et enclencher un cercle vertueux (si l'on peut dire !) qui sera la vraie clé de votre succès.

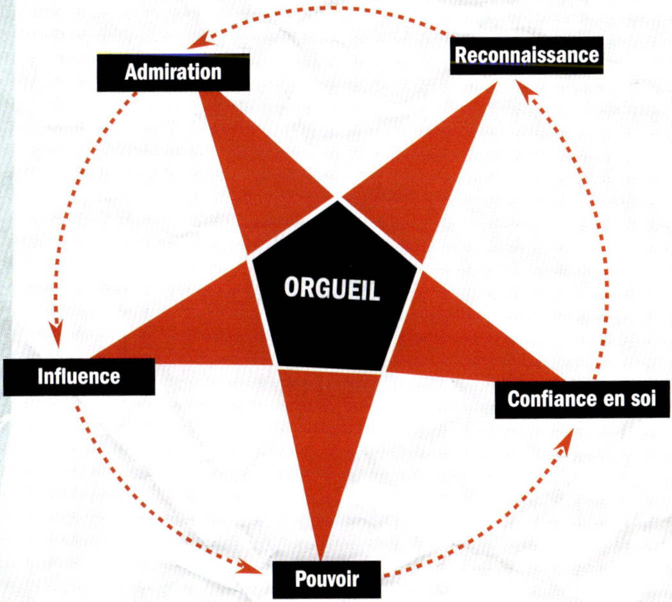

Principe iv

Affichez votre tableau de chasse pour mieux leur en imposer

Certains jouent les vierges effarouchées dès qu'ils entendent le mot Orgueil. Au contraire, essayez d'épater la galerie et servez-leur ce qu'ils ont envie d'entendre. Exagérez, faites-en des tonnes, rajoutez-en toujours une couche. N'hésitez pas à broder à l'occasion pour leur dorer un peu la pilule (ils l'avaleront plus facilement) et ne reculez devant aucune audace rhétorique dans votre stratégie de la brosse à reluire.

Jouez avec leurs émotions pour mieux les mettre dans votre poche. Racontez-leur vos années de vaches maigres et les combats sans merci que vous avez dû livrer. Dites-leur ce qu'il faut pour qu'ils aient la larme à l'œil et vous saurez à ce moment-là que vous avez gagné. Après ça, vous pourrez tout vous permettre, même tuer femme et enfants, ils vous trouveront toujours des excuses.

ÉTUDE DE CAS : RICHARD NIXON

J'ai toujours eu un petit faible pour le héros malheureux du Water Gate. Peut-être pour sa capacité hors du commun à nier l'évidence, comme son implication dans ce scandale hors norme. Son penchant pour la vantardise lui avait déjà valu de se faire élire puis réélire vice-président puis Président des États-Unis (vous l'aurez compris, c'est moi qui étais aux manettes !). Plus tard, pourtant sous la menace de l'empêchement synonyme de destitution, il n'a jamais cessé de faire son propre panégyrique et de nier tout lien avec l'affaire du Water Gate qui allait être son Waterloo, admettant au plus quelques « erreurs de jugement ». Au contraire, il est parvenu à jouer jusqu'au bout de la corde sensible en livrant aux Américains un discours de démission débordant de pathos. Bravo Dick, et bienvenue dans mon équipe !

MORALITÉ

Dans toute communication, l'arme fatale, c'est la sincérité. Une fois que vous savez parfaitement la simuler, vous avez partie gagnée.

ANGE OU DÉMON : LEQUEL EST LE VRAI ?

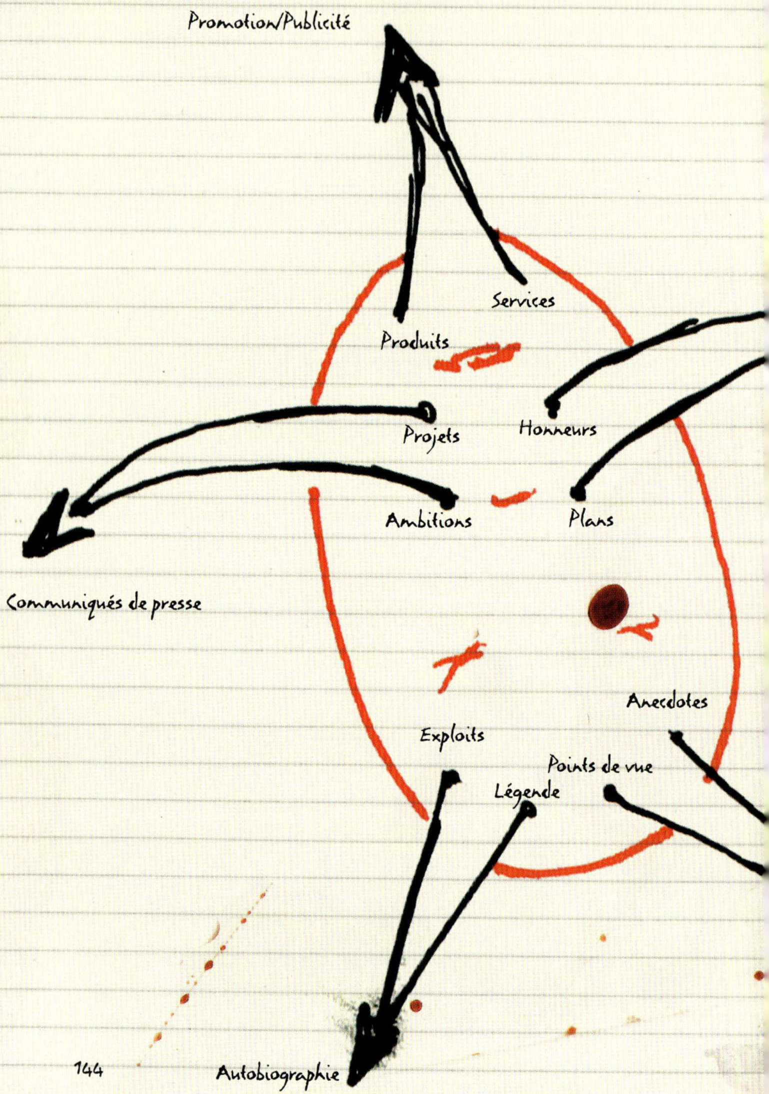
Promotion/Publicité
Services
Produits
Projets
Honneurs
Ambitions
Plans
Communiqués de presse
Anecdotes
Exploits
Points de vue
Légende
Autobiographie

Apparitions en public

LE PRINCIPE IV EN PRATIQUE

Le choix du « média » est essentiel pour la réussite de votre politique d'autopromotion. Mais, comme le montre le schéma ci-contre, le plus important est de diffuser votre message dans plusieurs directions en même temps. Vous devez absolument faire feu de tout bois, faute de quoi votre schéma de communication sera déséquilibré et vous irez au devant de cuisants revers.

Interviews

Principe v

De l'Orgueil, encore de l'Orgueil, toujours de l'Orgueil

Vous connaissez maintenant le mot magique pour vous maintenir durablement au firmament de la réussite : Orgueil. Et vous savez que pour doper cette réussite, vous devez impérativement mettre en marche une machine de guerre appelée Propagande. Nous avons vu aussi qu'il n'était pas inutile de montrer à quel point votre chemin a été semé d'embûches. Il est temps maintenant d'exploiter judicieusement quelques comparaisons édifiantes.

Pour chacun de vos triomphes soulignez l'échec de votre adversaire. Et ne manquez pas de le traîner dans la boue, vos mérites auront l'air d'autant plus grands. Montrer à chacun comment tous les tristes sires qui ont voulu se mettre en travers de votre chemin se sont vautrés lamentablement décuplera la puissance de votre Orgueil. Cet exercice vous permettra également de tirer toutes les leçons de leurs échecs et vous serez encore mieux armé pour échapper définitivement à leur sort.

MORALITÉ

Ne soyez pas un « looser ». Si vous échouez, trouvez le moyen d'entraîner des gens dans votre chute pour l'amortir et limiter la casse.

Un maître du suspense

ÉTUDE DE CAS : KENNETH LAY

Ce nom ne vous dit peut-être rien. C'est pourtant celui du cerveau qui se cache derrière la faillite la plus retentissante de l'histoire des États-Unis : l'affaire Enron. Kenneth Lay aurait pu se contenter d'être un petit escroc minable et raté, mais son Orgueil, qui l'a poussé à clamer son innocence contre vents et marées, l'a fait entrer dans la cour des grands. La révélation de ses activités de fraude et de corruption a précipité la chute de la société Enron dont il était le Président et de toutes celles qui étaient associées à ses pratiques douteuses. Reconnu coupable de 11 chefs d'accusation pour fraude, Kenneth Lay a joué son atout maître le 5 juillet 2006 sous la forme d'une crise cardiaque qui devait l'emporter avant même que sa peine ne soit prononcée. Une cour d'appel fédérale lui octroya pourtant une remise de peine ce qui lui permit de sortir blanchi et avec une fortune intacte de ce guêpier, donc la tête haute si l'on peut dire, étant donné que c'était à titre posthume. Mais ne vous inquiétez pas pour lui, je lui ai proposé dès son arrivée le poste de secrétaire perpétuel (c'est bien le cas de le dire) de mon Conseil de gestion. C'était bien la moindre des choses, non ?

LE PRINCIPE V EN PRATIQUE

Les positions dominantes sont des positions à risque. Pour éviter de tomber beaucoup plus vite que vous n'êtes monté, assurez-vous de distiller en permanence votre Orgueil avec le maximum d'impact. À moi aussi il m'est arrivé de me fracasser au début de ma carrière. Je sais de quoi je parle.

La perte de confiance en soi peut être le signe avant-coureur d'un naufrage. Au moindre doute quant à vos capacités de domination, les requins commenceront à tourner autour de vous. Si vous ne tuez pas dans l'œuf toutes ces spéculations malveillantes vous ne tarderez pas à être pris dans la spirale de l'échec. Les efforts que vous aurez à faire ne serait-ce que pour maintenir votre position si vous êtes attaqué (et je ne parle même pas d'une tentative de come-back) entameront vos ressources et vous n'échapperez pas à la dégringolade. Alors avant de vous faire essorer de la sorte, réfléchissez. Vous ne pourrez pas dire que vous n'étiez pas averti !

Exemple de descente en vrille en passant par tous les cercles de l'Extinction Néfaste de vos Facultés d'Envie et de Responsabilité.

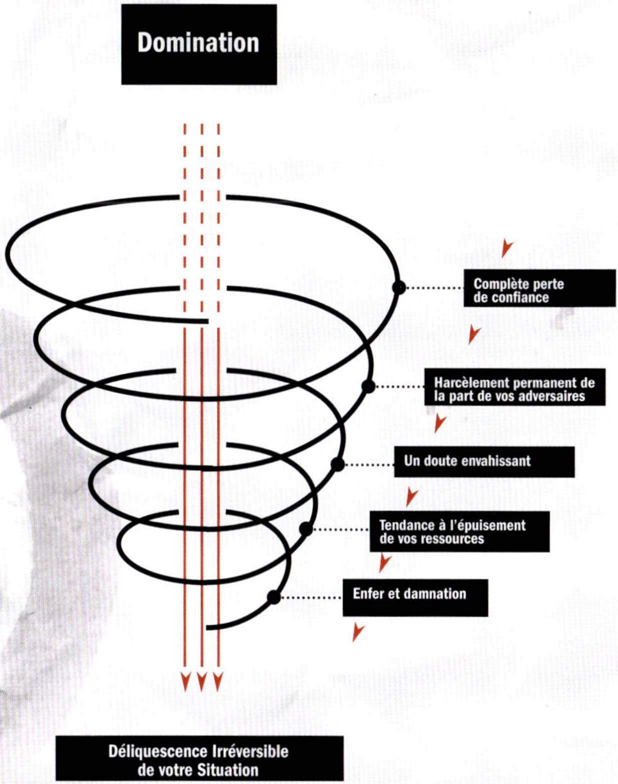

Principe vi

Richesse et célébrité : les secrets d'un couple infernal (grâce à qui ?)

Les gens riches et célèbres ont un secret, pas forcément bien gardé d'ailleurs (notez au passage que ces deux adjectifs vont généralement de paire) : s'ils sont riches, c'est parce qu'ils sont célèbres, et s'ils sont célèbres, c'est parce qu'ils sont riches. CQFD.

Si certains milliardaires fuient obstinément les feux de la rampe, ils veillent pourtant à faire reconnaître leur fortune grâce notamment à tous les palmarès annuels des hommes les plus riches du monde ou de France. Vous êtes loin de figurer dans ce genre de liste ? Pas de panique ! Ce n'est pas une raison pour passer sous silence vos faits d'armes. C'est au contraire en claironnant partout votre belle réussite que vous finirez par vous frayer un chemin dans les cercles les plus sélects de la société.

MORALITÉ

Pour vous faire mousser efficacement en vue de marquer durablement les esprits, vous devez impérativement maîtriser vos moyens de communication.

ÉTUDE DE CAS : RUPERT MURDOCH

Est-ce vraiment une coïncidence ? L'un des hommes les plus riches et les plus influents de la planète, Rupert Murdoch a fait fortune dans le monde des médias. Or, ce personnage plutôt en retrait est aussi soucieux de protéger sa vie privée qu'obstiné à utiliser les nombreux journaux, télévisions et autres réseaux de diffusion par satellite qui composent son empire médiatique pour assurer la promotion de ses nombreux journaux, télévisions et autres réseaux de diffusion par satellite. Rien à redire, voilà un homme qui a tout compris.

LE PRINCIPE VI EN PRATIQUE

Il va sans dire que l'Orgueil appelle la célébrité et que la célébrité est une raison de plus pour se sentir bouffi d'Orgueil. Ces deux sentiments vont de paire et se renforcent mutuellement (voir Fig. i).

Mais poussons notre raisonnement en reconnaissant que la célébrité et la fortune sont également des notions jumelles qui dépendent étroitement du niveau d'Orgueil. À l'évidence, personne ne s'est enrichi dans le plus parfait anonymat, et personne ne s'est fait un nom dans la pauvreté. Il en découle que la Célébrité (C) est proportionnelle à la Fortune (F) et vice versa. Plus précisément, la relation entre Célébrité et Fortune peut être formulée comme suit :

$$C = F^2$$

La notoriété (N) joue également un rôle dans cette équation (voir Fig. ii) :

$$N = C \times \sqrt{F}$$

Où le niveau initial de la célébrité (C) est fonction du point d'Orgueil/Notoriété tel que défini dans le schéma de la figure i.

C'est simple, il suffisait d'y penser !

fig. i

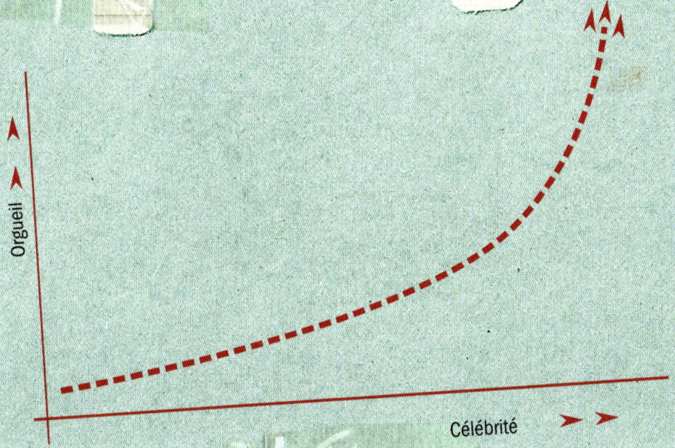

fig. ii

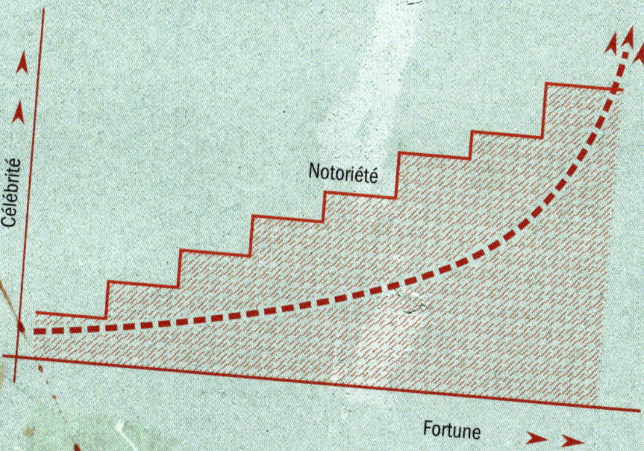

RÉSUMÉ DU CHAPITRE VI

Récapitulatif des six Principes de base de l'Orgueil

i Les trompettes de votre renommée, c'est à vous d'en jouer

ii Sur les sommets l'air est plus pur

iii Savoir tirer parti de ses échecs

iv Les attendrir avec de belles histoires

v Assurer ses arrières pour éviter la chute

vi Faire sa pub en permanence pour relancer ses affaires

BILAN DE COMPÉTENCES

1 Ai-je suffisamment d'appétit pour réussir ? ☐
2 Fais-je véritablement de mon mieux pour atteindre les sommets ? ☐
3 Est-ce que je sais toujours saisir ma chance ? ☐
4 Est-ce qu'il me faut toujours le meilleur pour me satisfaire ? ☐
5 Suis-je prêt à tout pour gagner ? ☐
6 La soif de réussite est-elle un aiguillon suffisamment puissant pour m'inciter à persévérer ? ☐
7 Suis-je à l'écoute de mon démon intérieur ? ☐
8 Suis-je mû avant tout par mes désirs ? ☐
9 Mon caractère impitoyable est-il véritablement source de plaisir ? ☐
10 Est-ce que j'exploite au maximum le pouvoir de mes charmes ? ☐
11 Ai-je pris la mesure des résultats que permet d'obtenir le charisme ? ☐
12 Ma libido est-elle correctement orientée vers mes objectifs ? ☐
13 Suis-je suffisamment détaché de toute idée de travail ? ☐
14 Est-ce que je maîtrise vraiment l'art de déléguer mon travail ? ☐
15 Suis-je parvenu au sommet ou en vue du sommet dans différentes hiérarchies ? ☐
16 Est-ce que je traite toute idée de responsabilité avec un mépris vraiment total ? ☐
17 Mon équilibre entre loisirs et travail me satisfait-il ? ☐
18 Le refus de la prise de risque est-il vraiment une priorité dans mes choix ? ☐
19 Suis-je vraiment prêt à piétiner mes amis pour réussir ? ☐
20 Suis-je capable d'identifier suffisamment tôt toute forme d'hostilité et de la tuer dans l'œuf ? ☐
21 Est-ce que je sais, lorsque c'est nécessaire, attendre que sonne l'heure de la vengeance ? ☐
22 Est-ce que je sais communiquer clairement mes sentiments à mon entourage ? ☐
23 Suis-je capable d'exprimer ma colère avec suffisamment de force ? ☐
24 Suis-je parvenu à acquérir un véritable instinct de tueur ? ☐
25 Suis-je capable d'identifier les bonnes occasions qui s'offrent à moi ? ☐
26 Est-ce que j'utilise efficacement toutes les ressources dont je dispose ? ☐
27 Suis-je capable de visualiser clairement mes objectifs ? ☐
28 Est-ce que je sais m'imposer dans tous les cas ? ☐
29 Suis-je capable d'identifier chez les autres ce qui serait bon pour moi ? ☐
30 Ai-je appris à faire la différence entre émulation, approvisionnement et appropriation ? ☐
31 Est-ce que j'exploite au maximum mes capacités innées ? ☐
32 Est-ce que j'affirme ma supériorité de manière adéquate ? ☐
33 Est-ce que je sais saisir efficacement toutes les opportunités de promotion qui s'offrent à moi ? ☐
34 Est-ce que je sais faire ma propre publicité pour mieux me vendre ? ☐
35 Mon amour-propre est-il suffisamment fort ? ☐
36 Est-ce que je maîtrise entièrement mon destin ? ☐

Si vous avez répondu oui en toute honnêteté (pour une fois) à toutes ces questions, félicitations, vous êtes de la trempe des vainqueurs.

INDEX

A

Adversaires et concurrents (comment les traîner dans la boue) 146

Adversaires et concurrents (comment leur faire boire la tasse) 122-123

Adversaires et concurrents (comment leur régler leur compte) 86-89

Atlas Charles 135

Auto-promotion 134-135, 140-145, 146, voir aussi Célébrité

Avantages en nature 26-27

B

Blair (Tony) 105

Bouc émissaire 74-77

Boesky (Ivan) 17

Borgia (Lucrèce) 55

Bulle Internet 31

Bush (George W.) 65, 105

C

Caligula 75

Capone (Al) 87

Casanova (Giovanni Giacomo) 45

Célébrité 150-153

Cheney (Dick) 21

Chute (comment l'éviter) 148-149

Colère 85-108

Corvées (comment s'en débarrasser) 78

Course aux armements 125

Cupidité 15-38

Cycle Consommation-Appropriation-Satisfaction-Bonheur 18-19

D

Darwin (Charles) 120

Dégainer le premier 104-107

Délégation (techniques de) 68-73

E

Effort (son rapport inversement proportionnel au gain) 64-67

Enron (scandale) 147

Entreprises (perception de leur valeur) 30-33

Envie 109-132

Envie (et Orgueil) 138-139

Exploitation (techniques d') 70-73

F

Faibles (comment les plumer) 48-51

Financement d'entreprises 28-29

G

Gène égoïste 120-123

Gloutonnerie 16

Gourous du développement personnel 135

Greenspan (Alan) 115

Gusik (« Greasy thumb ») 87

H

Hefner (Hugh) 41

Hitler (Adolf) 101

Hussein (Saddam) 101, 105

I

Irak (Guerre) 105

K

Kiam (Victor) 129

Kissinger (Henry) 58

Khrouchtchev (Nikita) 101

L

Lay (Kenneth) 147

Luxure 39-62

M

McCarthy (Joseph) 91

McGurn (machine gun) 87

Mépris (comment le montrer) 138

Milken (Michael) 17

Modestie (ses effets désastreux) 140

Moran (Bugs) 87

Murdoch (Rupert) 151

N

Négociation (comment tricher) 24-25
Nixon (Richard) 143

O

Ordre de mission 14
Orgueil 133-154

P

Paresse 63-84
Partage équitable (mythe du) 24-25
Pinochet (Augusto) 101
Plagiat 111, 128
Ponzi (Charles) 71
Pouvoir et Luxure 40-41, 58-61
Pouvoir et différences entre sexes 52-53
Procrastination (l'art subtil de la) 79
Promotion (Envie et) 112-113
Promotion (accélérée en prenant des raccourcis) 22-23
Promotion (Colère et) 97-99

Q

Quotient de qualité de vie 42-43

R

Reagan (Ronald) 65
Responsabilités (comment s'en décharger) 74-77
Réussite-richesse (rapport entre) 36-37
Risques (minimiser la prise de) 82-83

S

Sade (Marquis de) 49
Séduction 54-57
Sexe et pouvoir 58-61
Sexes (différences entre les) 52-53
Sincérité (comment la simuler) 143
Six règles d'or des puissants de ce monde 13
Staline (Joseph) 75, 101

T

Télévangélistes 111
Terreur (politique de la) 98-99
Thatcher (Margaret) 75, 91

V

Vengeance 94-95
Vente à découvert 114
Vente multiniveau 73

À PROPOS DE L'AUTEUR

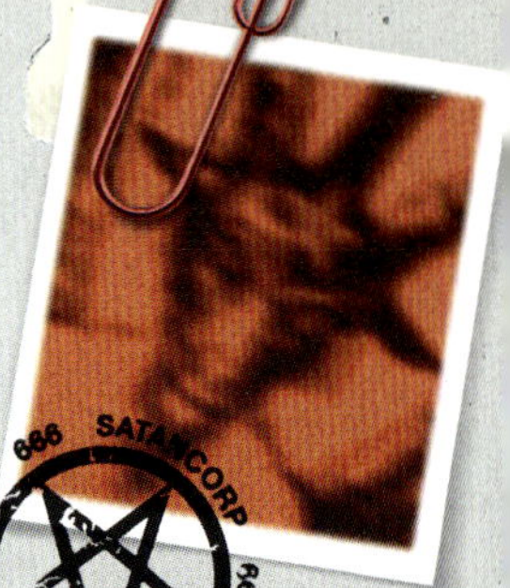

Nicholas D. Satan n'était, au commencement, qu'un ange comme les autres jusqu'à ce qu'il claque définitivement la porte du firmament avec la ferme intention de monter sa propre affaire. Cela se passait bien avant la Chute (à laquelle il a d'ailleurs largement contribué). Volant de succès en succès, il se trouve maintenant à la tête d'une multinationale qui, au fil de l'Histoire, a compté parmi ses clients d'innombrables empereurs, rois, présidents et autres chefs d'entreprises.

Ce petit bréviaire est un guide de gestion de carrière et de manipulation d'autrui qui vous sera utile au bureau comme à la maison. Vous y trouverez, en première main, et directement inspirés des sept péchés capitaux, les précieux conseils de Satan lui-même, sur lesquels vous pourrez asseoir votre domination dans la vie comme dans votre travail.

Le Prince des Ténèbres, auteur du fameux « Journal du Diable » (Éditions Contre-Dires, 2009) possède des bureaux dans tous les grands centres de pouvoir, et le siège de sa société Satancorp se situe dans la ténébreuse cité de Dis. Il vit avec femme et enfants, plus quelques chèvres, dans un des cercles de l'Enfer les plus tranquilles et il lui arrive de prendre un peu de bon temps dans ses résidences de vacances d'Haïti et de Babylone.

REMERCIEMENTS

Je souhaite remercier les nombreux universitaires, économistes et juristes sans l'aide desquels ce livre n'aurait pas pu voir le jour. Merci également à mes éditeurs pour le conseil éditorial qu'ils m'ont apporté et notamment à Mme Lorraine Turner pour son aide précieuse. Je tiens également à rendre hommage au talent de Herr Joerg Hartmannsgruber qui a restauré et déchiffré des documents très fragiles dont l'apport s'est parfois révélé capital.

Le Prince des Ténèbres m'a également demandé de citer nombre de ses élèves passés et présents qui, par leur réussite, l'ont convaincu de poursuivre son travail de mise en forme de ces informations éparses en un tout cohérent en vue de l'édification des éléments les plus lucides de l'Humanité.

Je souhaite, pour ma part, renouveler ma gratitude à Sa Majesté Démoniaque pour m'avoir accordé l'honneur insigne de participer à Son Œuvre.

Professeur M. J. Weeks

SATANCORP 666 SATANCORP 666 SATANCORP 666 SATANCORP

SATANCORP